# AI重塑项目管理

## 风险预测与精准决策的智能解决方案

牛玉贞◎著

机械工业出版社
CHINA MACHINE PRESS

项目管理作为企业运营的核心环节，其重要性日益凸显，受到企业管理者的高度关注。随着 AI 技术的飞速进步，AI 与项目管理的融合已成为新热点。

本书内容分为两个部分，第一部分搭建认知框架，通过解码项目本质与 AI 应用法则两大核心，深入剖析 AI 重塑项目管理的底层逻辑，介绍 DeepSeek 等大模型的操作要诀与安全边界；第二部分打造实战图谱，覆盖进度管理、风险控制、质量管理等七大核心领域，基于 19 个项目管理应用场景拆解 AI 核心技能，每个案例均配备挑战分析 – 工具选择 – 操作流程 – 效果验证四维指导方案。本书结构清晰、语言简洁，案例丰富。无论是资深项目经理，还是项目管理初学者，都能通过本书开启项目管理效能提升的新纪元。

**图书在版编目（CIP）数据**

AI 重塑项目管理：风险预测与精准决策的智能解决方案 / 牛玉贞著. -- 北京：机械工业出版社，2025.7. -- ISBN 978-7-111-78585-9

Ⅰ. F272

中国国家版本馆 CIP 数据核字第 2025H3U205 号

机械工业出版社（北京市百万庄大街 22 号 邮政编码 100037）

| | |
|---|---|
| 策划编辑：蔡欣欣 | 责任编辑：蔡欣欣 |
| 责任校对：曹若菲 宋 安 | 责任印制：张 博 |

北京铭成印刷有限公司印刷

2025 年 8 月第 1 版第 1 次印刷

145mm × 210mm・6.5 印张・117 千字

标准书号：ISBN 978-7-111-78585-9

定价：59.00 元

电话服务　　　　　　　　　　网络服务

客服电话：010-88361066　　机 工 官 网：www.cmpbook.com

　　　　　010-88379833　　机 工 官 博：weibo.com/cmp1952

　　　　　010-68326294　　金 书 网：www.golden-book.com

**封底无防伪标均为盗版**　　机工教育服务网：www.cmpedu.com

# 自序
## 当项目管理遇见生成式 AI

## 一、写作缘起

我在世界 500 强大型央企的信息化公司从事项目管理工作近 15 年，从制度设计、制定、培训、过程监控等各个方面，致力于提高公司的项目管理水平，推动公司 4000 多个项目成功交付；同时，我还参与了集团公司重大信息化建设项目的质量管理工作，期间积累了较为丰富的项目管理经验。

我一直有个心愿，就是将自己多年沉淀的经验整理成书，以助益项目管理领域的更多同仁。这不仅是我个人职业生涯的重要里程碑，更是将一线实战经验升华为行业智慧的宝贵契机。

然而，将经验诉诸笔端并非易事。刚开始的几个月，我非常纠结，感到要梳理的内容纷繁复杂，既担心面面俱到而缺乏重点，沦为教科书的简单复刻，又害怕遗漏关键内容，无法充分展现项目管理的精髓。

幸运的是，我遇到了秋叶老师，一位站在 AI 应用前沿的先行者。

受到他的启发，我开启了一段沉浸式 AI 研学之旅。通过深度学习，我领悟到生成式 AI 绝不仅仅是工具升级，而是思维模式、认知范式的改变。AI 给我带来了太多的惊喜。

从 2023 年 11 月使用 AI 开始，我几乎每天都在思考 AI 如何融入项目管理，它将在哪些方面为项目经理赋能。

随着人们对 AI 应用的不断探索，我越来越感觉到 AI 将颠覆我们对项目管理的很多认知。我对一年半的 AI 实践进行了精心提炼总结，凝练出用 AI 赋能的 19 个项目管理应用场景。在每个场景下，通过合适的指令提示词，AI 都生成了精彩的内容与解决方案。

## 二、如何阅读本书

本书内容分为两大板块。

第一部分：必读篇章（第 1 章）。

这是每一位读者的必读内容。本章介绍项目、项目管理以及 AI 的核心概念，同时分享使用 AI 的实用技巧以及关键注意事项，为阅读后续其他内容奠定基础。

第二部分：自由探索（第 2~8 章）。

这部分内容聚焦于项目管理的核心领域，涵盖项目进度管理、质量管理、风险管理、问题管理、沟通管理、总结汇报及项目宣传等，介绍项目管理理论与 AI 实践的融合，通过 19 个实际应用场景，详细阐述 AI 操作要点与应用策略，助你在项目管理中取得卓越成就。读者可根据个人兴趣自由选择阅读顺序。

当然，AI 在项目管理中的应用潜力远不止于此。特别是 DeepSeek 的问世拓宽了 AI 的应用边界。聪明的读者不妨在掌握本书内容的基础上，自行探索更多 AI 在项目管理中的创新应用。

特别说明：在本书内容的设计过程中，我始终恪守信息安全底线，精心筛选了 19 个不涉及敏感信息的应用场景，确保不触及个人隐私和商业秘密，让读者能够放心学习和实践。

我们正在进入一个新时代，当人类的管理智慧与机器的计算智能共振，项目成功的定义将被重新书写。

此刻翻开这本书的你，既是读者，更是共赴未来的同行者。让我们携手迎接这场智能变革，在人与 AI 的共舞中，找到项目管理者的新坐标。

牛玉贞

2025 年 3 月 31 日

# 目录
## CONTENTS

# 第 3 章
# AI 强化项目质量管理，提升品质

# 第 4 章
# AI 赋能高效识别和应对风险

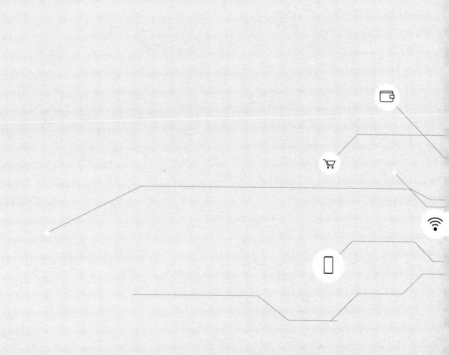

# 第 1 章
# 开启 AI 时代项目
# 管理新征程

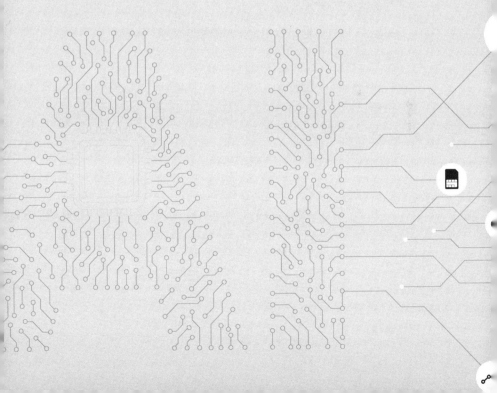

在当今这个日新月异的时代，项目管理已不再局限于传统的方法与流程，而是与 AI 深度融合，焕发出前所未有的活力。

作为本书的开篇，本章将带领大家全面认识项目与项目管理的本质，深入剖析项目的四个基本特征：约束条件、明确目标、临时性任务以及独特性。然后，探讨项目管理如何在不确定的时代背景下，成为创造确定性的关键引擎。

接下来，本章将概述 AI 如何重塑项目管理。从 AI 的关键技术到构建与训练流程，再到其对思维模式、进度管理、风险识别等七大核心维度的深刻影响，全面揭示 AI 为项目管理带来的颠覆性变革。

本章通过分享一个实用的 AI 应用万能公式，指导读者构建清晰的任务描述，确保 AI 输出的内容既专业又实用。

在拥抱 AI 的同时，我们也要清醒地认识到，人类智慧与判断力依然无可替代。因此，本章将特别强调在利用 AI 时，保持自主思考与专业判断的重要性。

最后，本章将探讨使用 AI 时的安全性问题，防范虚假内容，确保数据安全。

# 1 认识项目：从概念到实践

你是否注意到，组织一次同学聚会、策划一场婚礼、开发一款手机 APP，或者规划一次旅行等，这些表面上看起来完全不同的事情，实际上都存在相似的内在逻辑？它们都有明确的开始时间和结束时间，都有约束条件（如预算限制），都要实现一个特定的目标——这就是项目的特性。

什么是项目？

抛开专业术语，我们用通俗易懂的方式来理解，项目是指在一定的约束条件下，具有明确目标的临时性任务。

项目不是日复一日、周而复始的常规工作。项目要交付独特价值。

项目具有以下四个基本特征：

1）有约束条件；

2）有明确的目标；

3）是一种临时性任务；

4）具有独特性，能创造独特的价值。

下面对每个特征进行详细说明。

## 一、约束条件

约束条件通常指项目必须在特定的范围内完成。这些约束条件包括：

- 项目范围：明确项目需要完成的任务。
- 时间：限定项目完成的时间。
- 预算：项目可用的资金总额。
- 质量：项目成果的质量标准。

约束条件之间需要达到一种平衡。

例如，一次旅行可能需要访问三个城市（范围），只有五天时间（时间），要求舒适且深度游玩（质量），因此资金必须充足（预算）。如果预算有限，就需要缩小范围或降低质量要求。

## 二、明确的目标

明确的目标是指通过实施项目所要达到的具体结果。要求：

- 具体：目标清晰、不模糊。
- 可测量：目标可以用数据衡量。
- 可实现：目标具有现实可行性。
- 有时间限制：目标有明确的完成时间。

例如，"今年要完成新房子的装修"不是一个明确的目标。相比之下，"根据 2025 年 5 月 1 日确定的装修方案，于 2025 年 9 月 30 日前，完成 A 小区 1 号楼 1 单元 101 号房间的装修，费用为 20 万元"就是一个明确的目标。

## 三、临时性任务

项目的"临时性"体现在三个方面：

- 时间段是临时的：项目有明确的开始时间和结束时间。
- 资源是临时调配和组合的：项目使用的资源在项目结束后会被重新分配。
- 项目团队是临时组建的：在项目结束后会被安排新的任务。

## 四、独特性

项目的独特性主要体现在两个方面：

- 交付成果独特：每个项目都有其独特的最终成果。
- 风险独特：每个项目在执行过程中都会面临不同的风险。

即便是看起来相似的项目，如 A 房屋和 B 房屋的装修项目，也会因业务需求、施工团队构成等而各具特色；同样是去某个城市旅游，你的旅行计划与你朋友的计划肯定是有差异的。

每个项目都是独一无二的。

项目就在你的身边。项目几乎与我们每个人都息息相关。

# 2 项目管理：不确定时代的确定性引擎

你是否有过这样的经历：客户不断提出新想法、新需求；项目中的技术骨干突然提出离职；项目预算毫无征兆地被大幅削减；新政策或新法规出台，使得原本稳步推进的项目不得不紧急暂停，甚至被取消？

在当今这个充满不确定性的、复杂多变的时代环境下，如何确保项目能够按计划顺利完成？答案是项目管理。

什么是项目管理？

项目管理是指运用知识、技能和工具对项目涉及的各种活动进行综合管理，确保项目在预定的时间、资源和预算范围内达到既定目标。

仅从概念去理解项目管理，可能会觉得有些抽象和晦涩。我们不妨换一个角度。

项目管理之所以能够在不确定的环境下创造出确定性，是因为它提供了一套专业化的方法和理念，可帮助我们在混乱中找到秩序，在变动中实现目标。其底层逻辑可拆解为四个方面。

## 一、锚定目标，将模糊愿景清晰化

项目管理的核心要义之一，就是明确项目的目标和范围。通过详细的项目规划和目标设定，项目团队能够清楚地知道要达成什么成果、如何实现这些成果。这就像一艘船在茫茫大海中设定了一个明确的航向，即便遭遇狂风巨浪和各种突发变化，也能始终朝着目标前进。

## 二、流程标准化，提高效率和质量

每个项目，无论规模大小、复杂程度高低，都要经历项目启动、规划、执行、监控、收尾等阶段。在每个阶段，都有明确的任务和需要交付的成果，每项交付成果都有着明确的质量标准，并在项目的关键节点设置里程碑，确保项目按照有序的方式进行，提高项目的可管理性和可预测性。

## 三、控制风险，降低不确定性

不确定性往往伴随着各种潜在的风险。项目管理的一个重要使命，就是对这些潜在的风险进行全面的识别、精准的评估，并制定出切实可行的应对策略，以便在遇到突发情况时，能够迅速做出反应，避免或减轻可能产生的灾难性影响。

## 四、建立秩序，穿透信息迷雾

项目管理强调明确团队成员的角色与职责，构建开放透明的沟通渠道，确保每位成员都能清楚自己的工作任务和目标，减少因角色不清或者对信息的了解不全面而导致的误解和重复劳动。这种做法不仅提高了团队效率，也增强了合作精神，让项目执行更加顺畅。

综上所述，项目管理无疑具有特别重要的价值。但是，传统项目管理也存在很多挑战，比如流程僵化、效率低下、风险应对不足、过度依赖经验等。如何突破传统管理方法的局限性？这是项目经理需要思考的大问题。

非常幸运，我们来到了 AI 时代！

AI 将引领项目管理从效率较低的、依赖经验的"人工驾驶"模式，升级为高效的、数据驱动智能决策的"自动驾驶"模式，使个人、项目在复杂环境中获得升维优势。

# 3 为什么说 AI 将重塑项目管理

## 一、认识 AI 和 AI 大模型

AI 是 Artificial Intelligence 的首字母组合，是指通过计算机系统模拟人类智能的技术与科学，目的是让机器像人一样具备学习、推理、感知的能力，能够理解人类语言，解决复杂问题。AI 是一个广泛的领域，涵盖了从基础理论到具体应用的各种技术、方法、工具及硬件设备等。

AI 大模型是 AI 技术的一种高级实现形式，指的是参数规模巨大的深度学习模型。这类模型经过海量数据训练后，具备了强大的语言理解和内容生成能力，可以在许多领域中应用，为用户提供前所未有的解决方案和服务。

## 二、AI 大模型的关键技术及构建

### （一）关键技术

1. 机器学习技术

机器学习技术是通过数据训练，使模型能够对新数据进行预测或分类，需要人工设计好要提取哪些特征，提取方法是什么等。

比如要教计算机学会识别玫瑰和郁金香，就要给计算机提供大量花朵的图片，并告诉它哪些图片是玫瑰，哪些图片是郁金香等。经过训练，计算机自己就能识别新的玫瑰或郁金香图片。

2. 深度学习技术

深度学习技术使用深层神经网络学习数据中的复杂特征和模式，使模型能够自动从原始数据中提取高级特征，如图像中的边缘、纹理、形状等，无须人工干预。

例如，自动驾驶汽车需要实时感知周围环境，识别行人、车辆、交通标志等目标，以做出安全驾驶决策，这就是应用了深度学习技术。

3. 自然语言处理技术

自然语言处理技术如同给计算机装了一个"语言翻译器"，它能把我们说的话或写的字转化成计算机能懂的信息，然后进行分析和回应。比如你问智能语音助手："明天天气怎么样"，它能听懂你的问题，分析你的意图，告诉你答案。

4. 知识图谱技术

知识图谱技术用一种有条理的方式把各种知识整合起来，就像一个"智能知识地图"，让计算机也能轻松看懂。例如，这个"智能知识地图"可以把项目管理中的管理理论、成功案例和行业规范等都整合到一起，变成一个既能查信息，又能自动分析推理的知识网络。

5. 计算机视觉技术

计算机视觉技术就像是为计算机安装了"眼睛"。它让计算机能"看"到图片或视频里的东西，能分析、理解这些内容，能识别出图片里的人是谁、物体是什么，能判断视频里的人物动作和行为等。

6. 大数据与数据分析技术

大数据不仅指数据量特别大、数据类型特别多，还涵盖了处理这些数据的技术和方法。

大数据好比是一座巨大的信息矿山，里面有各种有用的宝藏，但可能杂乱无章。而数据分析技术好比是一种挖矿工具，通过清洗、整理、分析这些数据，提取有价值的信息，找到隐藏的规律和趋势，辅助决策，提高决策的科学性和准确性。

（二）构建与训练流程

表 1-1 是 AI 大模型构建与训练流程的简要说明。

表 1-1　AI 大模型构建与训练流程

| 构建与训练流程 | 描述 |
| --- | --- |
| 神经网络架构设计 | AI 大模型是建立在神经网络基础之上的，神经网络的设计决定了模型的好坏和能用来做什么。<br>AI 大模型的深度学习架构有很多层，每层都有很多"神经元"，它们通过"权重"连在一起 |
| 数据准备与处理 | 训练 AI 大模型需要准备好数据。数据质量直接影响 AI 大模型的表现。 |

（续）

| 构建与训练流程 | 描述 |
|---|---|
| 数据准备与处理 | 数据处理主要包括：数据收集、清洗（去掉无效数据）、标注（给数据加上标签）和增强（让数据更多样） |
| 模型训练 | 模型训练相当于教 AI 大模型学东西。给模型提供大量数据，让模型自己学习数据里的规律并进行预测，然后根据模型的预测结果调整参数，让预测结果变得更准确。不断重复这个过程，直到模型能够给出比较准确的预测结果 |
| 模型评估与验证 | 在完成训练后，对模型进行评估、验证，确保性能稳定可靠 |

经过训练的 AI 大模型具备很多超级能力，例如海量知识的深度整合、多领域的无缝协同、高精度预测分析、高效多任务处理、创造性内容生成等。这些能力不仅极大地提升了现有任务的执行效率，更为我们探索未知提供了全新的可能性。

鉴于 AI 大模型在日常工作和生活中的广泛应用与重要性，本书后续内容将直接以"AI"指代"AI 大模型"，以便更简洁明了地进行阐述。另外，本书的撰写历时数月，期间部分 AI 持续更新，界面有所变化，与书中截图可能不符。但使用方法和逻辑未变，读者可聚焦于此，不必纠结于界面的差异。

## 三、为什么说 AI 重塑项目管理

AI 重塑项目管理，主要体现在以下七个核心维度上。

### （一）思维模式转型

（1）认知升级：从经验驱动到数据驱动决策（第 1 章第 3 节）。

（2）工具进化：AI 成为新型工具（第 1 章第 5~6 节）。

### （二）进度管理智能化

（1）动态计划生成：快速创建可执行的实施方案（第 2 章第 9 节）。

（2）依赖关系解构：智能识别跨系统隐性关联（第 2 章第 8 节）。

（3）模糊需求澄清：通过自然语言交互生成精准文档（第 2 章第 7 节）。

### （三）质量管控进阶

（1）智能检测：自动生成测试用例覆盖边界场景（第 3 章第 5 节）。

（2）趋势预测：提前预警质量波动风险（第 3 章第 6 节）。

### （四）风险管理革命

（1）全面识别：扫描内外部风险源（第 4 章第 5 节）。

（2）精准应对：智能生成风险控制方案（第 4 章第 6 节）。

### （五）沟通协作优化

（1）冲突调解：提供人格适配沟通话术（第 5 章第 3 节）。

（2）任务督办：自动生成定制化催办策略（第 7 章第 3 节）。

### （六）成果展示升级

（1）智能汇报：辅助工作总结，突出亮点（第 6 章第 5 节）。

（2）专业呈现：快速生成专业级汇报 PPT（第 6 章第 7 节）。

### （七）价值传播突破（第 8 章第 5~7 节）

（1）传播维度突破：自动生成符合不同平台特性的差异化文案。

（2）价值深度突破：通过数据挖掘发现隐藏价值。

如果问：这算得上"重塑"吗？

汽车代替马车不仅仅是速度变化。

项目管理正在从"人工驾驶"变成"智能驾驶"。这就像有了导航系统后，司机不再需要背路线图，而是专注路线选择——这是真正的重塑。

这种重塑不是简单替代，而是通过人类智慧结合机器智能构建项目管理的新范式。

# 万能公式：掌握 AI 应用技巧

很多人都对 AI 很感兴趣，但是不知道怎么跟它打交道，或者问它的问题简单、模糊，AI 的回答也很笼统、很宽泛，让人觉得 AI 的用处不大。

其实，出现这种情况是因为大家还不太懂怎么用 AI。下面我来介绍一个公式，这个公式就像是打开 AI 宝藏的钥匙，只要你掌握了，就能让 AI 真正发挥出它的价值！

指令＝赋予 AI 恰当身份＋清晰界定任务＋明确要求

## 一、赋予 AI 恰当身份

为什么要给 AI 赋予特定身份呢？

使用 AI 时，我们期待它能像专业顾问一样提供深度支持，给出专业建议，不希望它夸夸其谈，给出的内容空洞无物。

试想：你想与精通行业的资深顾问协作，还是想和刚入行的普通员工配合？答案不言而喻，专业人才往往能带来更高效的解决方案。

要让 AI 真正发挥价值，需要赋予它一个恰当的身份，它应当具备特定应用领域的专属知识体系。

例如，用于规划教学方案，可将 AI 设定为拥有十年教龄的课程设计师；用于健康评估，可赋予它拥有三甲医院主治医师的身份；当需要预判项目隐患时，可将其设定为处理过上百个项目的风控专家。

精准匹配 AI 的角色定位与知识储备，不仅能提升解决方案的针对性，还能确保输出内容贴合现实场景中的专业标准。

## 二、清晰界定任务

在向 AI 分配任务时，一定要确保任务描述清晰、具体、详细。任务描述越清晰具体，AI 越能准确理解任务要求，从而输出符合预期的结果。相反，模糊不清的描述可能让 AI 产生误解，导致执行结果偏离预期，甚至无法完成任务。

以下是示例对比。

清晰具体的任务描述：

指令：请写一篇 800 字的文章，主题为"城市垃圾分类与环保"。

分析：该描述明确了文章的主题、字数要求，使 AI 能够准确把握任务的核心，按要求执行。

模糊不清的任务描述：

指令：请写一篇关于环保的文章。

分析：任务描述过于宽泛，缺乏具体的字数、结构或内容要求，AI 执行结果很可能不符合预期。

### 三、明确要求

明确要求就是告诉 AI 完成任务应达到的具体标准，生成的内容需要满足哪些具体条件。

以写一篇 800 字的文章，主题为"城市垃圾分类与环保"的任务为例，我们可以对 AI 输出的文章提出以下具体要求。

1. 结构安排

引言部分：简述垃圾分类的重要性，引起读者的兴趣。

主体部分：详细介绍城市垃圾分类现状、方法、挑战及解决方案。

结论部分：总结垃圾分类对环保的积极影响及未来展望。

2. 语言风格

请使用通俗易懂的语言，避免使用过于专业或晦涩的词汇，确保文章易于被广大读者理解。

标准越明确、越具体，AI 输出的内容质量越高，越能接近我们的预期。

## 5 四款 AI 的特点比较

当前，国内外可使用的 AI 种类繁多，本书特别精选了四款优秀的国产 AI。这些大模型在中文支持、场景适配度、用户友好等方面表现出色，并且大多数提供免费服务，非常适合处理项目管理中的各种任务。表 1-2 是每款 AI 的介绍及其具备的优势特点。

表 1-2　四款 AI 的介绍及其优势特点

| 名称 | 发布厂商 | 优势特点 |
|---|---|---|
| 文心一言 | 百度 | 智能问答与内容创作：能够快速回答项目相关问题，辅助项目经理进行内容创作和文档撰写。<br>知识推理：基于百度强大的知识图谱，提供准确的知识推理服务，帮助项目经理做出明智决策 |
| 通义千问 | 阿里云 | 多模态交互：支持文本、语音、图像等多种交互方式，方便项目团队进行多元化沟通。<br>对话理解与知识推理：深入理解项目对话内容，进行知识推理，提升团队协作效率 |
| Kimi | 月之暗面 | 长文本处理：支持一次处理长达 200 万字的文本信息，在处理长篇文献、报告、合同等方面具有显著优势。<br>演示文稿 PPT 制作：一键生成，模板丰富，可灵活编辑，满足个性化需求，极大提升制作效率 |
| DeepSeek | 深度求索 | 复杂问题求解能力：精通多步骤逻辑推理，实现跨领域知识的无缝融合。支持技术方案选型等复合型任务的精细化分解 |

（续）

| 名称 | 发布厂商 | 优势特点 |
| --- | --- | --- |
| DeepSeek | 深度求索 | 深度决策洞察：依托数据关联分析与隐性规律的深度挖掘技术，提供有可信度保证的精准解决方案 |

具体选择哪款大模型需根据项目的实际需求而定。

# 6 发挥 DeepSeek 深度思考能力的三个要诀

DeepSeek 与其他 AI 相比，最突出的特点是其卓越的深度思考能力，这使得它特别擅长应对用户的创新性问题及复杂决策挑战。掌握三个关键要诀就能轻松地与 DeepSeek 互动。

**要诀一：化整为零，把"大问题"拆成几个"小问题"**

适用场景：无论是方案制订、资源协调，还是突发事件应对等，这一要诀都能助你一臂之力。

例如，组织大学同学的毕业十周年聚会。

笼统提问：怎样办好这场大学同学的毕业十周年聚会？

只能得到常规流程清单，但无法落地。

拆解提问：拆分成两个小问题：

（1）目前同学们分布在八个省份，85% 集中在北、上、广、深等一线城市，预算人均 500 元内，请推荐三个交通便利的聚会城市，并说明各方案的优缺点（如机票价格、高铁耗时、酒店成本）。

（2）请设计三个能让同学们瞬间找回校园感的互动环节，给出具体执行方案及物料清单。需满足：

①单个环节不超过 30 分钟。

②不需专业设备。

③能产生合照素材。

这样拆解后，DeepSeek 对每个小问题都可以进行深入分析和精准解答。

**要诀二：提供精准数据，让决策更靠谱**

适用场景：在风险评估、创新策略制订、成本效益分析等关键时刻，数据的准确性直接影响了决策的质量。

数据提供方法如下。

（1）提供结构化数据。将历史项目的成本清单、供应商评估表等结构化数据上传至 DeepSeek，为分析提供坚实基础。

（2）补充非结构化资料。将会议纪要、讨论邮件等原始文本也发送给 DeepSeek，这样 DeepSeek 可能会发现其中的关键矛盾点和信息，让决策更加全面。

（3）设定分析方向。向 DeepSeek 发出的指令中明确分析方向，结果会更清晰。例如，请对比 A、B 两个方案，从合规性、收益比两个维度生成对比雷达图等。

这样，你一眼就能看出两个方案的优缺点。

**要诀三：不断追问，挖掘更多可能**

适用场景：当你需要突破性创新，或者解决长期存在的难题时，这个要诀能帮你打破思维局限，找到新思路。

深度对话技巧如下。

（1）第一轮提问：先问基础问题。例如，"现有方案有哪些遗漏的地方？"通过这个问题，让 DeepSeek 帮你发现那些被忽略或没考虑到的方面。

（2）第二轮追问：针对某一点，再提供一些补充信息，让 DeepSeek 进行深入分析。例如，"如果预算增加 30%，最好的方案会发生哪些变化？"通过这一假设性提问，你能探索更多可能，为决策提供更多选择。

（3）第三轮追问：从相反的角度提问，以便获得更全面的信息。例如，"请模拟竞争对手提出反对我们的方案。"通过这一前瞻性提问，你在制定策略时就能考虑到竞争对手的反应，从而做出更加稳妥的决策。

# 7　AI 能取代人类的判断力吗

在 AI 深度融入生活的当下，我们必须清醒地认识到：智能系统只是辅助决策的"超级外脑"，绝不能替代人类智慧的终极掌控。

## 一、保持头脑清醒

当我们使用 AI 时，对于一个完全相同的问题，AI 可能会提供多种解决方案，不同的 AI 给出的解决方案也可能存在很大差异，多个方案之间甚至可能会存在冲突。那么，哪个方案是可行的？哪个方案具有操作性？这需要我们根据自己的经验并结合具体情况进行判断。

此外，当前所有 AI 都存在"幻觉"，也就是说，AI 有时会无中生有，"张口就来"编造信息。如果我们自己不保持清醒的头脑，不去甄别信息，那将面临很大的风险。

使用 AI 就像驾驶搭载智能导航的汽车，系统能提供路线建议，但方向盘必须握在自己手里。

## 二、智能使用守则

使用 AI 时，我们要坚守以下三个原则。

（1）警惕"懒人陷阱"：别让 AI 的建议变成我们的思想麻醉剂。

（2）建立交叉验证机制：重要决策一定要对比多个信息来源。

（3）保留人工否决权：发现数据矛盾后立即进行人工复核。

# 8 AI 使用的安全性

AI 是一把双刃剑，我们在使用时需高度谨慎。

## 一、防范虚假信息

AI 不仅拥有搜索能力，还能进行内容创作。它会根据用户提供的信息和自身的知识库来生成内容，这些内容可能是准确无误且合乎逻辑的，但也可能完全是捏造的。因此，当我们使用 AI 生成的内容时，一定要格外小心，仔细核查，必要时应进行多方验证，以防对自己或他人产生误导，甚至造成伤害。

## 二、确保数据安全

在借助 AI 来推进项目时，数据传输是必不可少的环节。但每次传输数据，都可能潜藏着信息泄露的风险。一旦重要客户资料或企业核心数据被泄露，项目和企业都可能遭受无法弥补的经济损失或信誉危机。因此，在使用 AI 的各个环节，我们都应保持高度的安全意识。

为了确保数据安全，如下两项措施供参考。

1. 敏感信息脱敏处理

对身份证号、手机号、邮箱等字段进行部分遮蔽（如保

留前 3 位和后 4 位），地名、地址进行泛化处理。对其他敏感
信息进行匿名化或删除处理，以减少数据泄露的风险。

2. 数据加密传输

在数据传输过程中，采用加密协议对数据进行加密，确
保数据在传输过程中不被窃取或篡改。

此外，对于特别敏感的信息，例如涉及国家安全、商
业机密或个人极端隐私的数据，建议完全避免使用 AI 进行
处理。

# 第 2 章
# AI 引领进度管理，
# 提升交付效能

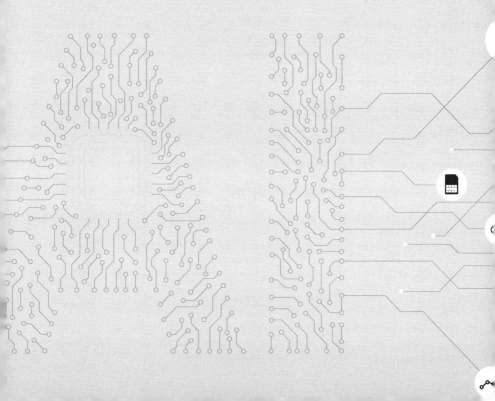

本章聚焦于项目管理中的进度管理这一核心环节，分析进度计划制订的七个关键任务，如明确目标范围、拆解工作任务、评估时间与资源等，揭示编制进度计划时面临的三大挑战。

　　通过引入 AI 技术，本章展示了如何以更高效、精准的方式应对这些挑战。AI 不仅可以生成项目范围说明书，还能精准识别任务间的复杂依赖关系，甚至在时间紧迫的情况下，可以迅速创建可执行的实施方案。

　　这些内容不仅为项目经理提供了实用的工具和方法，更引领了项目管理思维模式的革新。

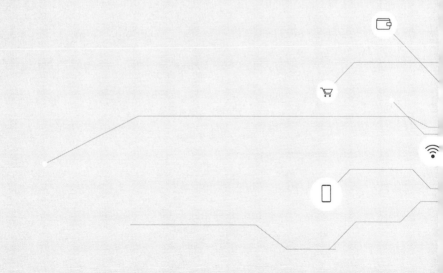

# 1 拟订进度计划的七个关键任务

科学制订项目时间表是确保项目顺利推进的关键。这个过程需要系统考虑目标设定、资源分配、风险管控等多方面因素。我们梳理出以下七个关键环节。

1. 明确目标和范围边界

在项目启动阶段，与所有参与者共同确认最终目标和交付成果。清晰的工作范围界定，能让每个成员都清楚努力方向，心往一处想、劲往一处使。避免团队因目标模糊而做无用功。

2. 拆解工作任务

使用工作分解结构（WBS）任务分解法，将复杂的项目拆分为可管理的具体任务。这种结构化分解能让团队更准确估算每项工作所需时间和资源，也能为后续的进度监控和风险管理提供更好的支持。

3. 全面评估时间与资源

针对每个任务，需进行细致的时间估算，全面考量任务的工作量大小、所需技能的高低以及资源的可获取程度。基于这些评估结果，科学合理地分配人力、物力和财力资源，确保资源得到高效利用，从而规避因资源分配不当所造成的项目延期或成本超预算风险。

4. 明确界定任务依赖

合理制订进度计划的核心在于准确把握各项任务之间的逻辑顺序及相互依赖关系。利用前导图、甘特图等直观可视的管理工具，将这些复杂的依赖关系清晰地展示出来，便于我们迅速发现可能存在的瓶颈和风险因素，从而做到提前谋划，制订有效的预防及应对方案，确保项目能够顺利进行。

5. 科学设置里程碑节点

在项目的关键阶段设立里程碑，作为项目推进过程中的明确标志点。里程碑既是对项目各阶段成果的有效验证，又是鼓舞团队士气、提升项目信心的重要举措。同时，它还能为项目的监控和评估提供清晰的参照标准。

6. 充分评估风险与不确定因素

在项目执行过程中，很有可能会遇到技术障碍、人员调整、外部环境变动等各类风险。提前对这些潜在风险进行细致识别，并据此制订周全的应对方案、预留必要的缓冲时间。这样可以有效降低风险对项目进度的不利影响，切实增强项目的抗风险能力。

7.细致规划并不断优化计划方案

初步拟订的进度计划仅是项目计划的起点，更为关键的是需要与团队成员及所有相关方进行深入沟通，广泛征集各方的宝贵意见与建议。然后，对收集到的反馈信息进行细致分析与整合，对计划方案进行持续优化与调整，确保所制订的进度计划既贴合项目的实际状况，又能充分满足各方的期望与要求。

# 2 编制进度计划的三大挑战

编制一份切实可行的项目进度计划，是确保项目成功的核心要素。然而，这一过程中往往面临着诸多挑战。以下是最为突出的三大挑战，这些挑战直接影响项目交付质量和团队执行效能。

1.需求不明导致范围界定困难

在项目启动初期，客户或相关利益方的需求通常较为模糊。这可能源于客户对自身需求的认识不足，或是项目本身具有创新性和复杂性，使得需求难以明确。

需求不明确将直接导致项目范围难以被精确界定。范围的不确定性会进一步引发资源调配、时间估算和风险评估等一系列难题，严重影响项目进度计划的稳定。

2. 任务依赖关系错综复杂

在大型或复杂的项目中，各项任务之间的依赖关系往往错综复杂，如同一张交织的网，难以梳理得清晰明了。

复杂的任务依赖关系使得项目进度计划难以制订和有效维护。任何一个小任务的变动都可能引发一系列连锁反应，对整个项目的进度产生重大影响。

3. 规划时间紧迫

有些项目工期特别紧张，无法为详尽的项目规划提供充足的时间。

时间紧迫可能导致在制订进度计划时出现疏漏和错误，从而增加项目的风险。同时，紧张的工期也可能对团队士气产生不利影响，降低工作效率。

# 3 AI 智能文档生成应对需求模糊

在项目需求尚未清晰界定的阶段，AI 能够发挥智能优势，协助创建并完善项目范围文档。这一过程主要涉及以下几个核心环节。

1. 智能信息整合

即便项目初期需求存在模糊性，但项目名称、背景、目标、限制因素以及初步的业务需求等关键要素通常已可确定。AI 利用这些关键信息，可以构建项目范围文档的基础框架。

2. 知识驱动分析

AI 内置了涵盖项目管理理论、成功案例、行业规范等广泛内容的知识库。借助先进的自然语言处理技术和机器学习算法，AI 能够挖掘并理解所输入的信息内涵，进行深入的信息分析。

3. 自动化文档编制

基于输入的信息和知识库资源，AI 通过逻辑推理和预定义的文档模板，智能生成项目范围说明书的初步版本，确保文档内容与项目特性和目标高度契合。

4. 持续迭代优化

初步生成的文档经过人工审核后，AI 可根据反馈信息进行自我学习和调整，不断提升生成内容的准确性和实用性，实现文档质量的迭代升级。

通过上述机制，AI 能够有效应对需求模糊所带来的范围界定难题，显著提升项目计划制订的效率和质量水平。

**AI 辅助识别复杂依赖关系**

AI 之所以具备智能识别项目依赖关系的能力，主要得益于其强大的数据处理技术和深度学习算法。其运作机制主要包含以下三个核心环节。

1. 项目信息的全面整合

AI 需要接收包含项目背景、项目目标、任务列表、任务描述、参与人员、资源需求及时间限制等的全面信息。这些信息构成了 AI 深入理解项目架构的基石。

2. 深度学习驱动的模式分析

利用深度学习技术，AI 能够深入剖析项目任务间的逻辑关系，明确任务执行的先后顺序及相互制约条件。通过学习各类项目中依赖关系的普遍规律和特性，AI 能够智能识别新项目中的依赖关系。

3. 隐性依赖关系的精准挖掘

AI 在发掘隐性、非直观的任务依赖关系方面表现出色。这些依赖关系往往因人为疏忽或理解偏差而被忽略，但 AI 能够运用结构化数据分析和智能关联建模技术等手段有效识别，从而确保关键关联的完整性与精确性。

AI 在隐性依赖关系识别方面的辅助应用，可显著减轻项目经理的工作压力，提升工作效率。

# 5 AI 快速生成实施方案应对时间压力

在项目时间紧迫、任务繁重的情境下，项目经理可依托 AI 迅速制订实施方案。其运作原理主要体现在以下四个关键方面。

1. 深度解析与需求理解

AI 能够深入理解用户输入的指令和需求，准确把握项目的核心要素、目标定位及约束条件等。通过机器学习算法，AI 能够持续学习，精准捕捉用户意图。

2. 数据支撑下的方案生成

AI 内部汇聚了丰富的项目数据、行业知识及成功案例。在充分理解用户需求的基础上，AI 通过对比和分析这些数据资源，可快速生成贴合项目特性和需求的实施方案。

3. 模块化设计与个性化定制

AI 通常包含项目目标确立、任务拆解、资源调配、时间表编排、预算筹划及风险评估等多个模块。根据项目实际需求，AI 能够灵活组合并调整这些模块，从而生成具有高度针对性的个性化实施方案。

4. 方案优化与迭代升级

AI 在生成初步实施方案后，还能根据用户的反馈意见进行持续优化和改进，不断提升实施方案的质量和效率，以更好地满足项目需求。

# 6 应用 AI 生成理想方案的四要素

在项目管理中，无论是完善项目范围说明、识别任务间的依赖关系，还是制订实施计划，要想运用 AI 高效生成一份理想的方案，以下四个要素不可或缺。

1. 提供尽可能详尽的项目基础信息

基础信息包括项目背景、目标设定及约束条件等，这些基础信息是 AI 生成方案的依据。项目信息越全面、准确，AI 能利用的信息就越多，生成的方案也就越接近理想状态。

2. 选择合适的 AI

不同的 AI 在生成解决方案时各具特色，各有优势。

建议在使用时，可同时启动多个 AI，针对同一个具体问题，让各个大模型分别独立地提供解决方案。然后，对这些方案进行全面、细致的比较和分析，综合考虑方案的可行性、准确性等，选取最贴合项目实际需求、最能满足项目要求的

AI 及其生成的方案。

### 3. 运用精确的指令提示词

明确、具体、详细、准确的指令，是确保 AI 输出结果质量的关键。在日常工作中，为最大限度提升工作效率，保证输出内容质量，我们需要精心撰写指令提示词。这要求我们不仅要对任务需求有深入理解，还要能够准确地将这些需求转化为具体、清晰的指令，以引导 AI 更好地完成工作任务。

### 4. 灵活调整与迭代

若对 AI 生成的初步结果不太满意，我们可以在修改、调整提示词后，指示 AI 重新生成方案。或者选择保持提示词不变，直接发出"重新生成"的指令，让 AI 提供另一个不同版本的方案，直到满意为止。

通常情况下，AI 生成的只是初步方案，我们需要根据项目的实际情况对方案进行进一步调整和优化。有时候，我们将 AI 多次生成的内容进行巧妙组合，也能够获得自己所期望的结果。

# 7 操作案例：完善文档，夯实计划基础

下面以绿色科技公司可再生能源设施升级项目为例，说明 AI 辅助完善项目范围说明书的操作过程。

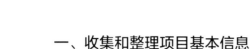
## 一、收集和整理项目基本信息

将下述项目基本信息放在一个文件中。

项目背景：

　　随着全球对可持续能源的需求日益增长，绿色科技公司决定对其现有的风力发电设施进行升级，以提高产能并优化运营效率。此项目旨在更新旧的涡轮发电机，引入更先进的技术，同时确保施工期间对环境的影响降到最低。

项目目标：

- 在 6 个月内完成所有选定站点的设备更换。
- 将总产能提高至少 20%。
- 保证升级过程中对生态环境的干扰最小。
- 总成本控制在预算内（9500 万元）。

约束条件：

- 施工不得影响电力供应的稳定性。
- 必须遵守当地环保法规。

业务需求：

- 更新风力发电设施中的关键设备，特别是涡轮发电机，以引入更高效、可靠的技术。
- 施工活动不影响电力供应的稳定性，保障用户用电需求。

## 二、操作步骤

### 1. 访问 AI 平台

选择通义千问。

访问通义千问官网，完成用户注册流程，登录至个人账号。

### 2. 上传项目信息

定位到文件上传区，将绿色科技公司可再生能源设施升级项目的相关信息文件上传至通义千问平台。

### 3. 输入指令

在通义千问的指令框输入指令，要求 AI 生成项目范围说明书，明确具体要求。指令提示词参考如下。

> 　你是一位资深且精通项目范围界定的项目经理，是新能源行业的领域专家，你的任务是基于我提供的项目信息，生成项目范围说明书。
>
> 　要求如下：
>
> - 内容质量：要求全面、准确无误，遵循项目管理的最佳实践。
> - 语言表达：保持清晰、准确、专业，确保信息传达无歧义。
> - 逻辑与假设：所有假设与扩展内容需基于常识和合理性，避免误导性信息。

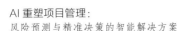

## 4. 分析输出结果

在分析 AI 生成的结果之前，我们首先需要知道一个事实：即使我们给出的指令提示词很具体，AI 提供的结果仍然有可能完全不是我们需要的内容。

怎么办呢？

下面我结合本案例说明对 AI 生成结果的分析和处理策略。

（1）对 AI 生成结果的分析。

以下是通义千问第一次生成的结果：

 文档阅读完成 ∨

**绿色科技公司可再生能源设施升级项目范围说明书**

**一、引言**

  随着全球对可持续能源需求的增长，绿色科技公司启动了可再生能源设施升级项目，旨在提高其风力发电站的产能和运营效率。本项目将通过更换涡轮发电机，采用更先进的技术，并确保施工期间对环境影响最小化来实现上述目标。

**二、项目目标**

- 在 6 个月内完成选定站点的所有设备更换。
- 总产能至少提升 20%。
- 对生态环境的影响最小化。
- 控制总成本不超过 9500 万元。

**三、项目范围界定**

1. 包含的内容
- 对现有风力发电设施中的关键组件（特别是涡轮发电机）进行更新换代。

- 引进并安装高效、可靠的新型技术以提升发电效能。
- 实施策略保障施工过程中电力供应的稳定性，不影响用户的用电需求。
- 遵守当地环保法规，采取措施减少对环境的干扰。

2. 不包含的内容
- 不涉及其他类型的可再生能源设施或电网传输系统的升级改造。
- 不包括与本项目直接相关的外部合作伙伴的具体执行细节。

四、约束条件
- 必须维持施工期间电力供应的稳定性，不中断服务。
- 遵守所有适用的地方环境保护法律法规。
- 确保项目在预算范围内完成。

五、假设与依赖关系
- 假设现有的基础设施能够支持新技术的部署和运行。
- 依赖于获得必要的批准和支持，确保项目按计划推进。
- 天气条件不会对施工进度造成重大阻碍。

六、成功指标
- 成功完成所有预定站点的设备更新工作。
- 达到或超过设定的产能增长目标。
- 在整个项目周期内遵守环保规定，最大限度地保护自然环境。
- 严格控制成本，确保不超过既定预算。

七、总结
　　此项目不仅是为了提升绿色科技公司的风力发电能力，也是为了顺应向清洁能源过渡的趋势。通过精确规划、有效管理和持续监控，我们将努力达成项目的各项具体目标，同时注重环境保护和社会责任。

分析 AI 第一次提供的解决方案，我们发现至少存在如下问题。

问题 1：项目范围界定问题。

包含内容："实施策略保障施工过程中电力供应的稳定性"表述模糊，没有具体说明实施何种策略，如备用电源方案、负荷转移方案等，无法清晰界定该策略所包含的具体工作内容。

不包含内容："不包括与本项目直接相关的外部合作伙伴的具体执行细节"表述较为笼统，没有明确说明哪些外部合作伙伴的相关内容不包含，例如是否包含与供应商的采购合同细节、与施工分包商的具体施工安排等，容易造成理解上的分歧。

问题 2：整体结构与逻辑问题。

内容重复：例如，项目目标中提及"总产能至少提升 20%"，而成功指标中再次提到"达到或超过设定的产能增长目标。"这种重复不仅增加了说明书的篇幅，还可能导致读者对项目核心目标的混淆，影响对项目范围和重点的理解。

（2）处理策略。

鉴于上述问题的存在，我们对当前方案并不满意，需要 AI 再次提供方案，或者考虑应用其他 AI 来解答相同问题。

获取理想的解决方案并非一蹴而就的，通常需要多次操作，或者对各个 AI 多次提供的方案进行内容筛选和组合。

在应用 AI 的过程中，我们应保持理性、耐心和包容的态度。AI 虽然能够为我们提供解决方案的参考内容，但很难直接给出一个理想的方案。

有时，AI 第一次提供的方案令人惊艳，遇到这种情况，我们应及时保存该解决方案。因为 AI 提供的方案几乎每次都是独一无二的，对于满意的方案一定要及时保存留用。

有时，AI 提供的方案的基本内容可用，但存在虚构内容、泛泛而谈的空话、过度夸张的用词等问题，此时我们需要进行恰当的筛选和调整。

为了便于读者阅读，本书后续章节各操作案例中提到的 AI 输出的解决方案，均为经过作者筛选和适当调整后的内容，略去了庞杂冗长的方案筛选和调整过程。

（3）经过筛选和适当调整后的结果如下。

## 绿色科技公司可再生能源设施升级项目范围说明书

一、项目概述

1. 项目名称

绿色科技公司可再生能源设施升级项目

2. 项目背景

随着全球对可持续能源需求的日益增长，绿色科技公司决定对现有的风力发电设施进行升级，旨在提高产能、优化运营效率，引入更先进的技术。此项目将更换旧的涡轮发电机，同时确保施工期间对环境的影响降到最低。

3. 项目目标

1）在 6 个月内完成所有选定站点的设备更换。

2）将总产能提高至少 20%。

3）保证升级过程中对生态环境的影响最低。

4）总成本控制在预算内（9500 万元）。

## 二、项目范围

### 1. 设备更新

（1）关键设备更新：本项目将更换风力发电设施中的关键设备，特别是涡轮发电机。新引入的涡轮发电机将采用更高效、可靠的技术，以提高发电效率和产能。

（2）设备选型与采购：项目团队将负责进行设备选型，与供应商协商采购事宜，并确保新设备与现有设施的其他部分兼容。

### 2. 产能提升

（1）产能提升计划：制订详细的产能提升计划，包括技术改进、设备布局优化等，以确保总产能提高至少 20%。

（2）监控与调整：在升级过程中，将持续监控产能变化，并根据实际情况及时调整策略以确保目标达成。

### 3. 环境保护

（1）环境友好型施工：制定并执行环境友好型施工策略，包括减少噪声、控制扬尘、妥善处理废弃物等，力求对生态环境的影响最低。

（2）合规性保障：确保所有施工活动严格遵守当地环保法规要求，积极与当地环保部门合作，确保项目合规进行。

### 4. 电力供应稳定性

（1）电力供应保障计划：制订详细的电力供应保障计划，确保施工活动不影响电力供应的稳定性。

（2）沟通协调：与电力调度部门保持密切沟通，及时调整施工计划以应对可能的电力需求波动，保障用户用电需求。

## 三、项目不包括的内容

（1）本项目不包括对风力发电设施除涡轮发电机以外的其他设备进行全面更新或改造。

（2）本项目不包括因设备更新导致的额外土地征用或设施建设。

## 四、项目边界

（1）项目范围仅限于选定的风力发电设施站点的设备更换和产能提升工作。

（2）施工活动应严格控制在预定时间范围内，即 6 个月内完成。

## 五、项目假设与约束

（1）假设所有选定站点的设备更换工作能够顺利进行，不受天气等不可抗力因素的影响。

（2）约束条件包括施工不得影响电力供应稳定性，必须遵守当地环保法规。

## 六、项目风险

（1）技术风险：新设备可能存在与现有设施不兼容或性能不稳定的风险。

（2）施工风险：施工过程中可能面临安全、质量、进度

等方面的风险。

（3）环保风险：施工活动可能对生态环境造成一定影响，需加强环保措施。

## 七、项目里程碑

（1）设备选型与采购完成：第 2 个月。

（2）设备更换工作开始：第 3 个月。

（3）产能提升计划实施：第 4 个月。

（4）施工完成并调试：第 6 个月。

## 八、项目预算

（1）总预算：9500 万元。

（2）预算分配：设备采购、施工安装、调试运行等各个环节的费用将根据项目实际情况进行合理分配。

对上述内容进行分析后，我们可以看到，AI 生成的项目范围说明书在以下两个方面非常有价值：

第一，提供了精确且全面的项目指导框架。

该说明书不仅详细列出了项目背景、目标和业务需求，还进一步明确了项目的范围、不包括的内容、边界、假设与约束、风险以及里程碑和预算等关键信息，为项目规划提供了明确指导。

第二，增强了风险识别与应对能力。

AI 基于项目信息和常识合理性，对项目可能面临的技术风险、施工风险、环保风险等进行了全面而深入的识别和分析，并提供了相应的应对策略，便于项目经理更加主动地管理风险，制订风险缓解计划。

当然，项目经理要认真审查 AI 输出结果，确保内容合理。

# 8 操作案例：识别依赖关系，优化进度

本节以房屋装修项目为例，说明 AI 辅助识别依赖关系，制订进度计划的操作过程。

## 一、案例概述

以下是该项目的项目范围、目标、任务要求等信息，放在一个文件中。

---

### 房屋装修项目基本信息

业主张先生计划对其面积为 80 平方米的 2 室 1 厅 1 厨 1 卫住宅进行全面装修，预算为 10 万元。

装修涵盖厨房翻新、卫生间改造、阳台窗户更换、暖气与地板升级、墙面处理以及定制衣橱等。项目需确保在 2024 年 12 月 31 日前圆满竣工。

---

## 二、操作步骤

### 1. 访问 AI 平台

选择文心一言。

访问文心一言官网，完成用户注册流程，登录至个人账号。

### 2. 上传项目信息

定位到文件上传区，将房屋装修项目的相关信息文件上传至文心一言平台。

### 3. 输入指令，识别依赖关系

在文心一言的指令框输入指令，要求 AI 识别依赖关系。指令提示词参考如下。

---

你是一位房屋装修领域的资深项目经理，请你识别我发给你的房屋装修项目的依赖关系。

具体要求：

1. 不用列出显而易见的常识性依赖关系。

2. 重点关注不太直观、容易被忽视或可能引起误解的依赖关系。

3. 要具体描述所列依赖关系，避免空泛。

---

| W 房屋装修项目信息　　　966 字

你是一位房屋装修领域的资深项目经理，请你识别我发给你的房屋装修项目的依赖关系。
具体要求：
1. 不用列出显而易见的常识性依赖关系。
2. 重点关注不太直观、容易被忽视或可能引起误解的依赖关系。
3. 要具体描述所列依赖关系，避免空泛。

① 文件　❏ 图片　　　　　　　　　　　　　　∮·润色　✈

4. 分析输出结果

以下是文心一言输出的结果。

在房屋装修项目中，不太直观、容易被忽视的依赖关系如下。

1. 材料供应与施工进度的依赖关系

建筑材料的及时供应是施工进度的重要保障。如果建筑材料未能按时到达，将直接影响后续的施工环节，如基础施工、主体施工以及安装阶段。

此依赖关系不仅涉及建筑材料到货时间，还包括建筑材料质量是否符合要求。若建筑材料质量不达标，需重新采购，将进一步延误工期。

2. 设计与施工实际的依赖关系

设计阶段的输出（如施工图纸、材料清单等）必须与实际施工情况相匹配。如果设计阶段未能充分考虑实际施工条件（如墙体结构、空间布局等），将导致施工过程中的变更和延误。

深化设计阶段应加强与施工团队的沟通，确保设计图纸的可行性和准确性。

3. 隐蔽工程与后续施工的依赖关系

在所有隐蔽工程（如水电改造、防水处理等）验收合格后，方可进入下一环节。这些隐蔽工程的质量直接影响后续施工的安全性和稳定性。

隐蔽工程验收应严格遵循相关标准和规范，确保不留安全隐患。

4. 外部许可与施工进度的依赖关系

在遵守当地建筑规范的前提下，某些施工环节可能需要申请相应许可（如拆除旧建筑、更改建筑结构等）。如果未能及时获得许可，将直接影响施工进度。

项目团队应提前了解并准备所需许可的申请流程和材料，确保施工不受外部许可限制。

尽管 AI 能够识别出材料供应和施工进度、设计与施工实际、隐蔽工程与后续施工、外部许可与施工进度之间存在的依赖关系，有助于项目经理更加精细地安排各项任务，但是，项目经理仍要认真审查其内容的合理性。

如果我们发现 AI 识别的依赖关系有遗漏、有错误，要及时与 AI 互动，让 AI 进行迭代优化，直至满意。

5. 输入指令，生成进度计划

接下来，在文心一言的指令输入框中再次输入指令，要求其生成进度计划。参考指令提示词如下。

请你进一步综合考虑时间、成本、资源限制等多维度因素，制订最优的进度计划，并将进度计划用表格形式表达，以提高阅读性。

请你进一步综合考虑时间、成本、资源限制等多维度因素，制订最优的进度计划，并将进度计划用表格形式表达，以提高阅读性。

📄 文件　　🖼 图片　　　　　　　　　　　　　　　　✍ 润色　

以下是文心一言生成的结果。

| 阶段 | 任务 | 开始时间 | 结束时间 | 所需资源 |
|---|---|---|---|---|
| 设计及准备 | 初步设计 | 2024 年 11 月 1 日 | 2024 年 11 月 3 日 | 设计师、CAD 软件 |
| | 深化设计 | 2024 年 11 月 4 日 | 2024 年 11 月 6 日 | 设计师、施工团队 |
| | 材料选择 | 2024 年 11 月 7 日 | 2024 年 11 月 9 日 | 设计师、供应商 |
| | 现场保护 | 2024 年 11 月 10 日 | 2024 年 11 月 11 日 | 电工、水暖工 |
| 拆除与基础建设 | 拆除旧设施 | 2024 年 11 月 12 日 | 2024 年 11 月 18 日 | 电工、水暖工、拆除队伍 |
| | 水电改造 | 2024 年 11 月 19 日 | 2024 年 11 月 25 日 | 电工、水暖工 |
| | 防水处理 | 2024 年 11 月 26 日 | 2024 年 11 月 30 日 | 水暖工、防水材料 |
| 主体施工 | 泥瓦工 | 2024 年 12 月 1 日 | 2024 年 12 月 14 日 | 泥瓦匠、瓷砖 |
| | 木工 | 2024 年 12 月 1 日 | 2024 年 12 月 14 日 | 木工、木材 |
| | 油漆工 | 2024 年 12 月 15 日 | 2024 年 12 月 22 日 | 油漆工、涂料 |

（续）

| 阶段 | 任务 | 开始时间 | 结束时间 | 所需资源 |
|---|---|---|---|---|
| 安装 | 橱柜、门窗安装 | 2024 年 12 月 23 日 | 2024 年 12 月 26 日 | 安装队伍、家具家电 |
| | 洁具等固定装置安装 | 2024 年 12 月 27 日 | 2024 年 12 月 29 日 | 安装队伍、洁具 |
| 收尾与验收 | 清洁整理 | 2024 年 12 月 30 日 | 2024 年 12 月 30 日 | 清洁队伍 |
| | 最终验收 | 2024 年 12 月 31 日 | 2024 年 12 月 31 日 | 项目团队、客户 |

注意事项：

1. 资源调度：根据进度计划，合理安排人力资源和物资资源的调度，确保各阶段施工顺利进行。

2. 质量监控：在每个阶段结束后，进行质量检查和验收，确保施工质量符合设计要求。

3. 沟通协调：加强与供应商、施工团队和客户之间的沟通，及时解决施工过程中出现的问题。

4. 风险管理：关注潜在风险如材料价格上涨、恶劣天气等，制定应对措施，确保项目按计划进行。

通过上述 AI 辅助识别依赖关系和制订进度计划的过程，我们不仅能够更加高效地管理房屋装修项目，还能显著提升项目的执行效率和成功率。

项目经理应充分利用 AI 的优势，结合自身的专业知识和经验，不断优化和调整进度计划，以确保项目能够按时、按质、按量完成。

# 9 操作案例：AI 快速创建实施计划

本节仍以绿色科技公司可再生能源设施升级项目为例，说明如何借助 AI 快速创建实施计划。

## 一、案例背景

随着全球对可持续能源的需求日益增长，绿色科技公司决定启动可再生能源设施升级项目，对其现有的风力发电设施进行升级，更新旧的涡轮发电机，引入更先进的技术，以提高产能并优化运营效率。

公司要求项目经理立刻组织团队开工建设，6 个月内完工。项目经理没有足够的时间进行详细规划，感到压力巨大。

由于该项目时间紧、任务重，项目经理决定借助 AI 快速生成实施计划。

项目经理整理了项目基本信息放在了一个文件中，如下所示。

---

### 绿色科技公司可再生能源设施升级项目

一、项目目标

（1）在 6 个月内完成所有选定站点的设备更换。

（2）将总产能提高至少 20%。

（3）保证升级过程中对生态环境的影响最低。

（4）总成本控制在预算内（9500 万元）。

## 二、约束条件

（1）施工不得影响电力供应的稳定性。

（2）必须遵守当地环保法规。

（3）所有采购和建设活动需在供应商和承包商合同框架内执行。

## 二、操作步骤

### 1. 访问 AI 平台

选择文心一言。

访问文心一言官网，完成用户注册流程，登录至个人账号。

### 2. 上传项目信息

定位到文件上传区，将绿色科技公司可再生能源设施升级项目的项目背景、项目目标和约束条件等信息文件上传至文心一言平台。

### 3. 输入指令

在文心一言的指令框输入指令，要求 AI 生成项目实施计划，明确实施计划需包含的内容。指令提示词参考如下。

> 你是资深项目经理，对于制订项目实施计划经验丰富，请根据文件中该项目的基本信息，生成项目实施计划，计划应包括项目目标、任务分解、资源分配、时间表、预算、风险等关键信息。

4. 分析输出结果

AI 根据要求输出实施计划，项目经理要认真审查其内容的合理性。

以下是文心一言输出的结果。

## 绿色科技公司可再生能源设施升级项目实施计划

### 一、项目目标

（1）在 6 个月内完成所有选定站点的风力发电设备更换工作。

（2）将总产能提高至少 20%，以满足日益增长的能源需求，并提高运营效率。

（3）保证升级过程中对生态环境的影响最低，遵守当地环保法规。

（4）控制总成本在预算内（9500 万元），实现经济效益与环保效益的双重目标。

### 二、任务分解

1. 前期准备

（1）完成项目可行性研究与环境影响评估。

（2）选定升级操作的站点，并进行现场勘查。

（3）与供应商和承包商进行谈判，签订合同。

## 2. 设备采购与运输

（1）根据升级需求，采购先进的风力发电设备。

（2）安排设备运输至各升级站点。

## 3. 施工与安装

（1）制订详细的施工计划，确保不影响电力供应的稳定性。

（2）组织施工团队，进行必要的培训与安全教育。

（3）拆除旧设备，安装新设备，并进行调试。

## 4. 测试与验收

（1）对新安装的设备进行测试，确保其性能达标。

（2）完成相关政府部门的验收程序。

## 5. 后期维护与监控

（1）建立设备维护计划，确保设备的长期稳定运行。

（2）实施设备性能监控，及时调整运营策略。

## 三、资源分配

（1）人力资源：组建专业项目团队，包括项目经理、技术员、施工人员等。

（2）物资资源：采购所需的风力发电设备、施工材料和工具等。

（3）财务资源：合理分配项目预算，确保各阶段工作的顺利进行。

## 四、时间表

（1）前期准备阶段：第 1 个月完成。

（2）设备采购与运输阶段：第 2 个月完成。

（3）施工与安装阶段：第 3~5 个月进行。

（4）测试与验收阶段：第 6 个月完成。

## 五、预算

总预算控制在 9500 万元内，具体分配如下。

（1）设备采购与安装费用：约占总预算的 70%。

（2）人工成本：约占总预算的 20%。

（3）其他费用（包括管理、许可申请等）：约占总预算的 10%。

## 六、风险分析与管理策略

### 1.施工安全风险

（1）风险点：施工过程中可能发生的安全事故。

（2）策略：制定严格的安全规章制度，进行定期安全培训，确保施工人员佩戴安全防护设备。

### 2.设备供应延迟风险

（1）风险点：设备采购或运输过程中可能出现的延迟。

（2）策略：与供应商建立紧密的沟通机制，制订应急采购计划，确保设备按时到货。

### 3. 成本超支风险

（1）风险点：项目实施过程中可能出现的额外费用。

（2）策略：严格控制预算，定期审查成本，及时调整资源分配。

### 4. 环境法规变化风险

（1）风险点：环保法规的变动可能影响项目实施。

（2）策略：密切关注相关法规动态，及时调整施工方案，确保合规性。

　　项目经理在审查 AI 生成的实施计划时，可进一步补充项目信息，让 AI 进行优化和完善。例如，针对任务分解部分，项目经理可添加更具体的任务描述、责任人和完成时间等关键信息，让 AI 重新生成更加贴合实际的计划。

# 第 3 章
# AI 强化项目质量管理，提升品质

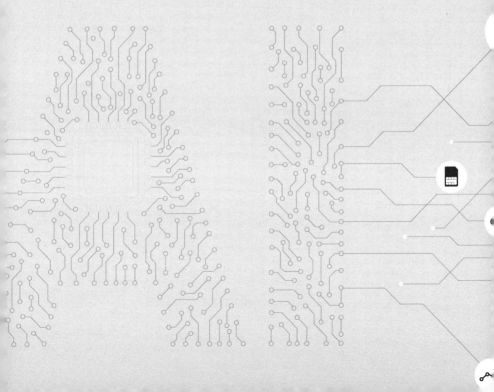

细节决定成败，质量决定项目的未来。

质量是项目成功的基石，是赢得客户信任的关键。

本章将从项目质量管理的本质出发，剖析其核心价值，介绍高效实用的质量管理工具。同时，引入 AI 技术，为传统质量管理注入新活力。AI 能够动态更新质量检查表，确保项目全生命周期的质量标准与时俱进；智能化生成全面覆盖边界条件的测试用例，让潜在缺陷无处遁形；基于历史数据预测质量趋势，提前预警风险，确保项目始终沿着高质量轨道稳健前行。

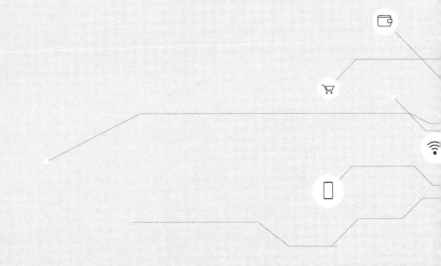

# 1 项目质量管理的本质与核心价值

## 一、本质内涵

项目质量管理是贯穿项目全生命周期的系统性保障体系，通过规划、控制、持续改进三位一体的管理活动，确保交付成果符合项目的预设质量基准，符合项目利益相关方预期，同时实现质量成本最优与价值可持续化。

## 二、核心价值

项目质量管理所体现的核心价值，主要涵盖以下四个方面。

### 1. 预防为主

通过前瞻性的质量规划，及时的质量检查、检验、测试、验证等措施，以及举一反三的持续改进，有效预防质量问题的发生，从源头降低错误发生概率。

### 2. 降低返工率

确保项目各阶段的工作成果均达到预定的质量标准，从而避免重复劳动和资源损耗。

3. 客户为中心

以高质量的产品和服务赢得客户的信任与忠诚，不断提升客户满意度，为市场拓展奠定坚实基础。

4. 风险管控

通过有效的质量管理措施，及时发现并应对潜在风险，为项目的顺利进行提供可靠保障。

# 2 三种高效实用的质量管理工具

项目质量管理是保障项目成果达到预定质量标准的核心环节，它涉及质量规划、质量控制及持续改进等一系列活动。这些活动可以应用工具进行辅助，以提升效率和效果。

本节将重点介绍三种经过实践检验、使用方便、操作简单且效果显著的质量工具：质量检查表、测试用例集和趋势分析技术。

这三种工具覆盖了质量管理的各个阶段。

- 质量检查表：用于预防性控制。

- 测试用例集：用于过程验证。

- 趋势分析技术：用于前瞻性管理和改进。

## 一、质量检查表

质量检查表是一种结构化的工具，用于确保项目各阶段的质量标准和要求得到逐一检查和确认。它通常以表格形式呈现，详细列出需要检查的项目、标准、方法以及责任人员等信息。

适用场景：质量检查表适用于项目各阶段的质量检查工作，如设计评审、材料检测、施工监督等。

使用指南如下。

1. 编制检查表

明确检查范围和目的，结合项目需求和行业标准，编制详细的检查表。确保所列检查项目、标准、方法及责任人等信息全面、准确。

2. 实施检查

自查：任务责任人对照检查清单，逐项进行检查，记录不符合标准的问题。

第三方检查：每项检查都有专人负责，对照检查清单，逐项进行检查，记录检查结果，将不符合标准的问题反馈给相关人员。

3. 问题整改

对于自查中发现的问题，任务责任人要及时整改。

对于第三方检查中发现的问题，相关人员要制定整改措施，确保问题得到及时解决，避免影响项目质量和进度。

## 二、测试用例集

测试用例集是一组被精心设计的测试场景和步骤，用于验证项目产品或服务是否满足既定的功能、性能、安全性等质量要求。我们可以通过模拟实际用户操作、系统交互或特定条件下的行为，来发现潜在的缺陷或问题。

适用场景：测试用例集适用于软件开发、系统集成、产品测试等需要验证功能完整性和性能稳定性的项目阶段。

使用指南如下。

1. 设计测试用例

根据需求规格说明书或用户故事等文档，设计覆盖所有功能点的测试用例。每个测试用例包括测试目标、前置条件、测试步骤、预期结果等要素以确保测试用例集全面覆盖所有需求。

2. 组织测试用例集

将设计好的测试用例按照功能模块、优先级或测试类型（如功能测试、性能测试、安全测试等）进行分类和组织。

3. 执行测试

根据测试用例集的排列顺序或优先级顺序，依次执行每个测试用例。在测试过程中，详细记录实际测试结果，并将其与预先设定的预期结果进行比对，以此来判定测试是否成功通过。

4. 缺陷跟踪

对于未通过的测试用例，需要记录发现的缺陷信息，并提交给相关负责人进行缺陷修复。

## 三、趋势分析技术

趋势分析技术是一种基于历史数据和分析来预测未来质量趋势的方法。它通过收集和分析项目过程中的质量数据，如缺陷率、故障率等，来识别质量问题的趋势和模式，从而为质量改进提供决策依据。

适用场景：趋势分析技术适用于项目全过程中的质量控制和持续改进活动，特别适用于需要长期监控和管理的项目，如大型工程建设、软件开发维护等项目。

使用指南如下。

1. 收集质量数据

收集质量数据指标，如缺陷率、故障率等。

2. 进行数据处理

对收集到的数据进行处理，剔除异常值、错误信息；进行数据的脱密处理；将数据整理成适合分析的形式等。

3. 选择合适的预测分析模型

根据数据特点和预测需求选择合适的分析模型，如线性回归、时间序列分析、机器学习等，确保预测结果准确、可靠。

4. 进行趋势预测和改进

使用模型进行趋势预测,分析未来质量趋势。根据预测结果制订质量改进计划,并提前采取措施预防质量问题。

# 3 质量管理中的 AI 赋能策略

质量检查表、测试用例集和趋势分析技术是质量管理的三大核心工具。然而,在实际应用中,我们经常会面临一些困难。

困难一:质量检查表总是"慢半拍"。

编制质量检查表耗时费力,需要投入大量精力,一旦定稿,后续更新慢,难以及时适应项目执行过程中出现的新情况。

困难二:设计的测试用例集难以覆盖所有需求。

传统的测试用例设计方法往往难以穷尽所有可能性,导致项目在后期出现意想不到的问题。

测试团队需费尽心思,不仅要考虑常规的测试场景,还要考虑各种边界条件和异常情况。但是在实际项目中,总有一些"没想到"的场景会在项目完工交付后给客户带来麻烦。

困难三：没有适用的质量预测分析模型。

一个准确可靠的预测模型对于及时发现项目质量下滑趋势至关重要。然而，在具体项目中，可能没有可用的预测模型，更不用说选择合适的模型了。

针对这些挑战，AI 可以给我们提供强大的支持。

1. 动态更新质量检查表

根据项目进展、用户反馈的质量数据，我们可利用 AI 进行分析，并根据分析结果及时生成新的质量检查项目，或者调整优化原有的质量检查项目和标准，以确保产品在整个生命周期内持续符合质量要求。

2. 智能化生成测试用例

AI 基于边界条件挖掘和异常场景推导的能力，能够深入分析项目需求及历史测试数据，设计出针对性强、覆盖面全的测试用例集，包括边界条件、异常情况、极端条件下的用例。

这种智能化的生成方式可大大提高测试用例的全面性和准确性，同时，测试用例设计的效率会得到很大的提升。

3. 趋势预测与风险揭示

AI 运用其自身的数据分析与预测模型，能够根据项目的质量状态数据，及时发现项目质量下滑趋势或潜在风险点。

**操作案例：AI 动态更新质量检查表**

我们以一个新款家用空气净化器研发项目为例，说明如何借助 AI 动态更新质量检查表。

## 一、案例概述

假设该项目启动后相关人员制订了一份设计阶段的质量检查表，并通过了审核。但是，在用户测试阶段出现了质量问题。

以下是质量检查表及质量问题描述，将该内容放在一个文件中。

---

**新款家用空气净化器研发项目质量检查表及质量问题**

一、设计阶段质量检查表

外观设计：

1. 外壳表面是否光滑无毛刺？

2. 边角处理是否圆润，不会划伤用户？

3. 操作面板按钮布局是否合理，方便用户操作？

过滤网类型：

1. 是否选用了高效过滤网以去除细小颗粒物？

2. 是否添加了活性炭层以吸附异味和有害气体？

3. 过滤网是否有抗菌涂层以防止霉菌生长？

## 二、质量问题

随着项目的推进，在新产品推出前进行小规模的用户体验测试时，项目组陆续收到南方部分城市的测试用户反馈，这款空气净化器在被使用一段时间后，过滤网表面出现了霉斑。项目组初步分析认为，这些城市的空气湿度比较大。

## 二、操作步骤

### 1. 访问 AI 平台

选择通义千问。

访问通义千问官网，完成用户注册流程，登录至个人账号。

### 2. 上传项目信息

定位到文件上传区，将新款家用空气净化器研发项目的质量检查表和质量问题描述文件上传至通义千问平台，为 AI 提供基础信息。

### 3. 精准输入指令

在通义千问的指令输入框中明确 AI 身份，让 AI 分析质量问题，更新质量检查表。指令提示词参考如下。

你是空气净化器设计与生产领域的资深专家，具有丰富的行业经验。我给你的文件中包含了这个项目已有的质量检查表和用户反馈的质量问题。

请你分析不同湿度条件下空气净化器过滤网的性能数

据，确定霉菌生长的具体条件及其对过滤效率的影响，提供三种防潮措施，并据此更新设计阶段质量检查表。

新款家用空气净化器研发项目…
14.29 KB

你是空气净化器设计与生产领域的资深专家，具有丰富的行业经验。我给你的文件中包含了这个项目已有的质量检查表和用户反馈的质量问题。
请你分析不同湿度条件下空气净化器过滤网的性能数据，确定霉菌生长的具体条件及其对过滤效率的影响，提供三种防潮措施，并据此更新设计阶段质量检查表。

### 4. 分析输出结果

以下是通义千问输出的结果。

## 分析与建议

### 1. 霉菌生长的具体条件及其对过滤效率的影响

霉菌生长条件：从用户反馈得知，在南方部分城市的测试用户报告中提到了这款空气净化器在被使用一段时间后，过滤网表面出现了霉斑。这些城市的空气湿度比较大，通常相对湿度超过 70% 时，霉菌更容易生长。

对过滤效率的影响：霉菌不仅会影响空气净化器的外观，还会降低其净化效果。当过滤网被霉菌覆盖时，其捕捉颗粒物的能力会减弱，导致空气质量下降，同时可能释放有害物质到空气中，影响用户的健康。

### 2. 三种防潮措施

（1）选择高效抗菌材料：使用具有长效抗菌功能的过滤材料，如添加银离子或铜离子涂层的过滤网，可以有效抑制霉菌生长。

（2）改进外壳设计以增加通风性：在设计空气净化器外壳时，考虑增加适当的通风孔或采用更透气的设计，减少内部湿气积聚的可能性。

（3）引入定期自动清洁提醒功能：设计一个智能系统，能够根据环境湿度自动提示用户进行滤网清洁或更换，确保过滤网始终保持良好的状态。

3. 更新设计阶段质量检查表

（1）外观设计。

增加：外壳设计是否有利于空气流通，防止湿气积聚？

（2）过滤网类型。

增加：过滤网是否具备抗菌功能，能否抑制霉菌生长？

（3）安全性。

增加：是否有针对高湿度环境下的电气安全防护措施？

AI 提供的分析和建议是否合理，是否可操作，需要项目团队认真分析判断，确保确实能够解决质量问题。

# 5　操作案例：AI 撰写测试用例提质效

下面以一个智能家居设备研发项目为例，说明如何用 AI

撰写测试用例。

## 一、案例概述

以下是该项目的功能需求和非功能需求等信息，放在一个文件中。

---

### 智能家居设备研发项目基本信息

1. 项目背景

某家电公司计划研发一款智能家居设备——智能门锁，该智能门锁需具备指纹识别、密码输入、远程控制、异常报警等功能，以提高家庭安全性。

2. 功能需求

指纹识别功能。智能门锁应具有指纹识别功能，允许用户通过指纹验证身份并开启门锁。细节如下。

（1）用户可以通过门锁上的指纹识别区域进行指纹录入和验证。

（2）系统能存储多个用户指纹信息，允许管理（添加、删除）自己的指纹。

（3）指纹验证应快速准确，识别时间不超过 1s。

（4）当指纹验证失败时，系统能给出明确的错误提示，并允许用户重新尝试或选择其他验证方式（如密码输入）。

（5）系统应具备防指纹复制功能，防止通过复制指纹来

---

非法开启门锁。

### 3. 非功能需求

（1）安全性需求：应确保指纹识别功能高度安全，防止指纹信息被泄露或被盗用。

（2）可靠性需求：指纹识别模块应具备良好的耐用性和稳定性，确保长期使用下的识别准确率。

（3）用户体验需求：指纹识别区域应设计合理，便于用户操作，同时提供清晰的指示灯或声音提示来反馈识别结果。

## 二、操作步骤

### 1. 访问 AI 平台

选择文心一言。

访问文心一言官网，完成用户注册流程，登录至个人账号。

### 2. 上传项目信息

定位到文件上传区，将智能家居设备研发项目的背景和需求描述文件上传至文心一言平台，为 AI 提供基础信息。

### 3. 精准输入指令

在文心一言的指令输入框中明确 AI 身份，提出撰写测试用例的要求。指令提示词参考如下。

你是资深的项目质量管理专家，具有丰富的质量管理经验。请你根据文件中的需求描述，撰写该需求的测试用例。每个测试用例包含测试用例编号、测试名称、测试目的、测试步骤、预期结果。

要求覆盖以下所有场景。

（1）考虑常规测试场景。

（2）识别潜在的边界条件和异常情况。

（3）考虑极端条件。

（4）考虑超负荷使用场景。

以下是一个测试用例的样例。

防指纹复制功能测试：

测试用例编号：TC005。

测试名称：防指纹复制功能验证。

测试目的：验证系统是否具备防指纹复制功能，防止通过复制指纹来非法开启门锁。

测试步骤：

a.尝试使用复制的指纹进行验证（可通过专业手段获取复制的指纹）；b.观察门锁反应。

预期结果：复制的指纹无法验证通过，门锁保持锁定状态。

```
W  智能家居设备研发项目的... | 440 字                    ⊗
你是资深的项目质量管理专家，具有丰富的质量管理经验。请你根据文件中的需求描述，撰写该需 ↗
求的测试用例。每个测试用例包含测试用例编号、测试名称、测试目的、测试步骤、预期结果。
要求覆盖以下所有场景。
1. 考虑常规测试场景。
2. 识别潜在的边界条件和异常情况。
3. 考虑极端条件。
4. 考虑超负荷使用场景。

⊕ 联网搜索    ⊙ 调用工具                              ⊡  ⊠  |  @   ✈
```

4. 分析输出结果

以下是文心一言输出的结果。

## 智能门锁测试用例

### 一、指纹识别功能测试

测试用例编号：TC001。

测试名称：合法指纹快速解锁测试。

测试目的：验证合法指纹能在 1s 内快速解锁。

测试步骤：a. 录入合法指纹；b. 用同一指纹触碰识别区。

预期结果：识别时间≤ 1s，门锁解锁成功。

测试用例编号：TC002。

测试名称：湿手指指纹识别测试。

测试目的：验证潮湿手指的识别鲁棒性。

测试步骤：a. 将手指沾水，然后擦至微湿；b. 用该手指触碰识别区。

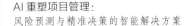

预期结果：仍能准确识别并解锁。

测试用例编号：TC003。

测试名称：极端低温环境识别测试。

测试目的：验证低温环境下的识别稳定性。

测试步骤：a. 将门锁置于 −20℃ 环境 1h；b. 用合法指纹尝试解锁。

预期结果：识别成功率 ≥ 95%。

## 二、防指纹复制功能测试

测试用例编号：TC004。

测试名称：硅胶模具复制指纹攻击测试。

测试目的：验证系统能抵御物理复制攻击。

测试步骤：a. 用硅胶制作合法指纹模具；b. 用模具触碰识别区。

预期结果：系统拒绝解锁，触发异常报警。

测试用例编号：TC005。

测试名称：AI 生成指纹攻击测试。

测试目的：验证系统能抵御数字伪造攻击。

测试步骤：a. 使用 AI 生成合法指纹图像；b. 通过 3D 打印制作仿真指纹。

预期结果：系统识别为非法指纹，拒绝解锁。

## 三、密码输入功能测试

测试用例编号：TC006。

测试名称：特殊字符密码测试。

测试目的：验证支持复杂密码组合。

测试步骤：a. 设置含特殊字符（如！、@、#、$、%、^、&、*）的 12 位密码；b. 输入该密码。

预期结果：系统接受密码并解锁。

测试用例编号：TC007。

测试名称：连续错误密码锁定测试。

测试目的：验证防暴力破解机制。

测试步骤：a. 连续输入 5 次错误密码；b. 第 6 次输入正确密码。

预期结果：系统锁定 30min，期间拒绝所有操作。

## 四、远程控制功能测试

测试用例编号：TC008。

测试名称：弱网环境远程开锁测试。

测试目的：验证网络不稳定时的可靠性。

测试步骤：a. 模拟 2G 网络延迟 > 5s；b. 发送远程开锁指令。

预期结果：指令执行成功，APP 显示状态同步延迟 ≤ 8s。

## 五、异常报警功能测试

测试用例编号：TC009。

测试名称：低电量异常报警测试。

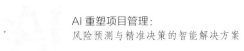

测试目的：验证电量预警机制。

测试步骤：a. 电池仅有 10% 电量；b. 尝试指纹解锁。

预期结果：触发低电量报警，解锁后仍持续提示。

## 六、安全性与可靠性测试

测试用例编号：TC010。

测试名称：指纹数据加密验证测试。

测试目的：验证存储数据的不可破解性。

测试步骤：a. 提取门锁存储芯片数据；b. 使用专业工具尝试解密。

预期结果：无法获取明文指纹特征信息。

测试用例编号：TC011。

测试名称：百万次寿命测试。

测试目的：验证模块耐用性。

测试步骤：连续进行 100 万次指纹识别循环。

预期结果：识别准确率下降 ≤ 3%，无硬件故障。

## 七、用户体验测试

测试用例编号：TC012。

测试名称：儿童操作高度适配测试。

测试目的：验证操作高度符合人体工学。

测试步骤：让身高 120cm 的儿童独立操作门锁。

预期结果：能独立完成指纹录入 / 识别全流程。

测试用例编号：TC013。

测试名称：弱光环境指示灯测试。

测试目的：验证夜间操作的可视性。

测试步骤：a. 在 0.5lux 光照下操作门锁；b. 观察指示灯。

预期结果：指示灯清晰可见，颜色区分明确。

测试覆盖说明：

（1）常规场景：覆盖所有核心功能正常流程（TC001 等）。

（2）边界条件：包含极端温度（TC003）、特殊字符（TC006）。

（3）异常情况：处理非法攻击（TC004、TC005）、错误操作（TC007）。

（4）极端条件：低温环境（TC003）。

（5）超负荷场景：连续识别压力测试（TC011）。

建议测试执行时优先进行边界条件测试，再逐步开展异常场景和压力测试，最后验证用户体验细节。

AI 确实根据我们提出的要求撰写了边界条件、极端情况等测试用例，而且每个测试用例看起来也相对完整。

但是，我们仍然需要仔细审查每个测试用例的操作性、预期结果的合理性、异常和边界条件的覆盖情况等，以确保测试用例的质量。

操作案例：AI 预测质量趋势降风险

## 一、案例描述

某市启动了城市新地铁线路建设项目，计划建设一条新的地铁线路，包括隧道挖掘、轨道铺设、车站建设和电气化设施安装等工程。项目旨在提升城市公共交通能力，缓解交通压力。

按照质量规划，本项目第三方质检团队每个月进行一次独立的质量评估，一季度共出具了三份详细的评估报告，涵盖了结构完整性、材料强度和施工工艺等方面。

将如下三份质量评估报告放在一个文件中。

### 工程质量评估报告 1

| 工程质量状况 | |
|---|---|
| 隧道工程 | 隧道挖掘符合设计要求，支护结构稳定，无渗漏现象 |
| 轨道工程 | 轨道铺设平整，轨距、轨向符合标准，焊接质量良好 |
| 车站建筑 | 车站主体结构安全，装修质量良好，设施安装齐全 |
| 电气化系统 | 供电、信号、通信系统安装规范，运行稳定，无安全隐患 |
| 关键指标 | 材料性能指标合格，结构尺寸偏差在允许范围内 |

（续）

| 问题与建议 | |
| --- | --- |
| 问题 | 车站某处墙面存在轻微裂缝 |
| 原因分析 | 可能由于施工过程中的温度应力或材料收缩引起 |
| 改进建议 | 对裂缝进行监测，必要时进行加固处理 |
| 预防措施 | 加强施工过程中的温度控制和材料管理 |
| 评估结论 | |
| 评价 | 项目整体质量水平良好，符合设计要求、合同规定和验收标准 |
| 结论 | 同意通过质量评估，建议进入下一阶段工作 |

### 工程质量评估报告 2

| 工程质量状况 | |
| --- | --- |
| 隧道工程 | 隧道掘进满足设计要求，支护体系稳固，无渗水情况 |
| 轨道工程 | 轨道安装平整，轨距、轨向达标，焊接质量优异 |
| 车站建筑 | 车站主体构造稳固，装修品质上乘，设施配备完善 |
| 电气化系统 | 供电、信号、通信系统布局规范，运行平稳，无安全隐患 |
| 关键指标 | 材料性能达标，结构尺寸偏差在允许范围内 |
| 问题与建议 | |
| 问题 | 车站一处地面存在细微裂缝 |
| 原因分析 | 可能因施工过程中的温度应力变化或材料自然收缩导致 |
| 改进建议 | 对裂缝实施持续监测，视情况采取加固修复措施 |

（续）

| 问题与建议 | |
| --- | --- |
| 预防措施 | 强化施工过程中的温控措施和材料管理，确保质量稳定 |
| **评估结论** | |
| 评价 | 项目整体质量表现优异，符合设计要求、合同条款及验收标准 |
| 结论 | 同意通过质量评估，建议推进至下一阶段施工 |

### 工程质量评估报告 3

| 工程质量状况 | |
| --- | --- |
| 隧道工程 | 隧道挖掘符合设计要求，支护结构稳定，无渗漏现象 |
| 轨道工程 | 轨道铺设平整，轨距、轨向符合标准，焊接质量良好，但某些轨道接缝处平整度稍有偏差 |
| 车站建筑 | 车站主体结构安全，装修质量良好，设施安装齐全，但车站某处墙面存在轻微裂缝 |
| 电气化系统 | 供电、信号、通信系统安装规范，运行稳定，无安全隐患 |
| 关键指标 | 材料性能指标合格，结构尺寸偏差在允许范围内 |
| **问题与建议** | |
| 问题 | 1. 车站某处墙面存在轻微裂缝。<br>2. 某些轨道接缝处平整度稍有偏差 |
| 原因分析 | 1. 可能由于施工过程中的温度应力或材料收缩所致。<br>2. 可能由于铺设时对接缝平整度控制不够严格 |
| 改进建议 | 1. 对裂缝进行持续监测，并在必要时采取加固措施。<br>2. 加强轨道接缝处的平整度控制，确保焊接质量 |

（续）

| 问题与建议 | |
| --- | --- |
| 预防措施 | 1. 强化施工过程中的温度控制，并优化材料管理。<br>2. 提高施工人员的技能水平，增强质量意识 |
| 评估结论 | |
| 评价 | 项目整体质量良好，符合设计要求和合同规定，但个别细节需进一步处理 |
| 结论 | 基本同意通过质量评估，建议在细节问题处理完毕后进入下一阶段工作 |

## 二、操作步骤

### 1. 访问 AI 平台

选择文心一言。

访问文心一言官网，完成用户注册流程，登录至个人账号。

### 2. 上传项目信息

定位到文件上传区，将城市新地铁线路建设项目的背景和工程质量评估报告文件上传至文心一言平台，为 AI 提供基础信息。

### 3. 精准输入指令

在文心一言的指令输入框中明确 AI 身份，提出根据质量评估报告进行质量趋势预测的要求。指令提示词参考如下。

你是资深的项目质量管理专家，具有丰富的质量管理经验。请你根据文件中一季度三份质量评估报告内容预测本项目质量趋势，分析可能存在的风险。

W 城市新地铁线路建设项... 1.6k 字

你是资深的项目质量管理专家，具有丰富的质量管理经验。请你根据文件中一季度三份质量评估报告内容预测本项目质量趋势，分析可能存在的风险。

⊞ 文件　⊞ 图片　　　　　　　　　　　　　⅄ 润色　✈

## 1. 分析输出结果

以下是文心一言输出的结果。

### 一、质量趋势预测

#### 1. 整体质量稳定提升

从三份评估报告来看，项目整体质量表现稳定，呈现出逐步提升的趋势。首份报告评价为"项目整体质量水平良好"，第二份报告则升级为"项目整体质量表现优异"，表明项目在质量控制方面取得了显著成效。

#### 2. 细节问题逐步减少

报告中提到的问题主要集中在裂缝和轨道接缝处平整度上。这些问题在后续的评估中得到了持续关注，并给出了相应的改进建议和预防措施。预计随着施工的进行，这些问题将逐渐减少并得到妥善解决。

### 3. 关键指标持续达标

评估报告指出，材料性能指标合格，结构尺寸偏差在允许范围内。这表明项目在材料选择和结构尺寸控制方面表现出色，为项目的整体质量提供了有力保障。

## 二、可能存在的风险分析

### 1. 裂缝问题潜在风险

尽管裂缝问题得到了持续关注和改进，但如果不采取更为有效的预防措施，裂缝可能会进一步扩大，影响结构的安全性和耐久性。此外，裂缝问题也可能引发乘客的担忧和不满，影响项目的社会形象。

### 2. 轨道接缝处平整度控制风险

轨道接缝处平整度是影响列车运行平稳性和舒适性的关键因素之一。如果接缝处平整度控制不当，可能会引发列车颠簸和噪声等问题，影响乘客的出行体验。同时，不平整的接缝也可能加速轨道的磨损和老化，增加维护成本。

### 3. 施工过程中的质量控制风险

尽管项目在质量控制方面取得了显著成效，但施工过程中仍可能存在一些不可预见的风险因素，如天气变化、材料供应问题、施工人员的技能水平等。这些因素可能会对项目的质量控制造成一定影响，需要项目团队密切关注并采取相应的应对措施。

4. 验收标准与合同条款风险

项目在推进过程中需要确保符合设计要求、合同条款及验收标准。如果项目在某些方面未能达到预期标准，可能会引发合同纠纷或验收不通过等风险。因此，项目团队需要加强对合同条款和验收标准的理解和执行力度，确保项目顺利推进。

三、建议措施

针对以上风险分析，建议采取以下措施来降低风险并确保项目质量。

1. 加强裂缝问题的监测与预防

加大对裂缝问题的监测力度，及时发现并处理潜在裂缝。同时，优化施工过程中的温度控制和材料管理策略，减少裂缝产生的可能性。

2. 提高对轨道接缝处平整度的控制水平

加大对轨道接缝处平整度的控制力度，确保接缝处平整、光滑。同时，加大对施工人员的技术培训和考核力度，提高施工人员的技能水平和质量意识。

3. 强化施工过程中的质量控制

加大对施工过程中的质量控制力度，确保各个施工环节符合设计要求和质量标准。同时，建立完善的质量管理体系和应急预案机制，以应对可能出现的风险因素。

4. 加强对合同条款与验收标准的管理

加大对合同条款和验收标准的管理力度，确保项目在推进过程中符合相关要求。同时，加大与业主方的沟通和协调力度，及时解决可能出现的合同纠纷或验收不通过等问题。

项目经理需仔细审查 AI 输出的趋势预测和风险分析内容的合理性。

5. 优化预测分析

如果认为 AI 初次的分析结果与实际情况不符，或者 AI 分析得不透彻，可明确指出问题，要求 AI 再次进行深入分析。

假如我们很担心评估报告中提到的裂缝问题，而 AI 对此并没有深入的分析和风险提示，我们可以这样继续与 AI 互动。

你是资深质量管理专家，尤其在地铁建设类项目方面具有丰富的质量管理实战经验。关于评估报告中提到的裂缝问题，请你进一步分析导致该现象的因素还有哪些，以及可能存在哪些潜在风险。

> **W** 城市新地铁线路建设项... | 1.6k 字 ✓
>
> 你是资深质量管理专家，尤其在地铁建设类项目方面具有丰富的质量管理实战经验。关于评估报告中提到的裂缝问题，请你进一步分析导致该现象的因素还有哪些，以及可能存在哪些潜在风险。
>
> ⊡ 文件　⊠ 图片　　　　　　　ナ·润色　

以下是文心一言再次输出的结果。

## 一、导致裂缝问题的因素

（1）施工过程中的温度应力：地铁施工过程中，由于温度变化引起的材料热胀冷缩，可能导致结构内部产生应力，当应力超过材料的承受能力时，就会产生裂缝。

（2）材料收缩：部分建筑材料在硬化或干燥过程中会发生体积收缩，如果收缩不均匀或未得到妥善处理，也可能导致裂缝的产生。

（3）施工质量问题：如混凝土浇筑、振捣、养护等施工环节操作不当，可能导致混凝土内部存在缺陷，进而引发裂缝的产生。

（4）设计缺陷：结构设计不合理，如配筋不足、截面尺寸偏小等，也可能导致结构在受力时产生裂缝。

（5）地基不均匀沉降：地铁车站等建筑物地基处理不当或地基土性质差异较大，可能导致地基不均匀沉降，进而引发上部结构产生裂缝。

## 二、可能存在的潜在风险

（1）结构安全性降低：裂缝可能导致结构整体性和稳定性下降，影响结构的安全性。

（2）耐久性受损：裂缝可能使结构更容易受到水分、盐雾等有害物质的侵蚀，加速结构的劣化和损坏。

（3）影响使用功能：裂缝可能影响地铁车站等建筑物的美观性和使用功能，如裂缝可能导致渗漏、影响装修效果等。

（4）维修成本增加：裂缝的修复和加固需要投入大量的人力、物力和财力，增加了项目的维修成本。

（5）社会影响：地铁作为城市公共交通的重要组成部分，其安全性和可靠性直接关系到市民的出行安全和城市形象。裂缝问题的出现可能引发公众对地铁建设质量的担忧和质疑，影响社会稳定和公众信任。

综上所述，裂缝问题是地铁建设项目中需要高度重视的质量问题。在设计和施工过程中，项目经理应充分考虑各种因素，采取有效措施预防裂缝的产生，确保地铁项目的安全、可靠和耐久。

针对 AI 提示的裂缝问题可能带来的风险，项目经理应进行深入且谨慎的分析。若确认这些风险为实际存在的潜在风险，项目经理应高度重视，制订全面、细致的应对方案和计划，有效控制并降低风险对项目造成的负面影响。

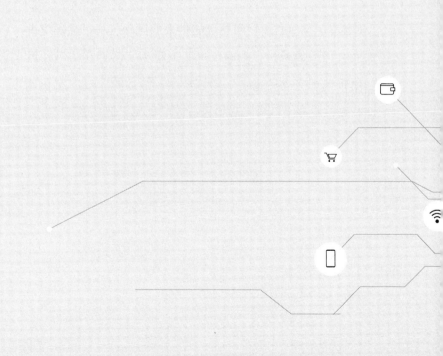

# 第 4 章
# AI 赋能高效识别
# 和应对风险

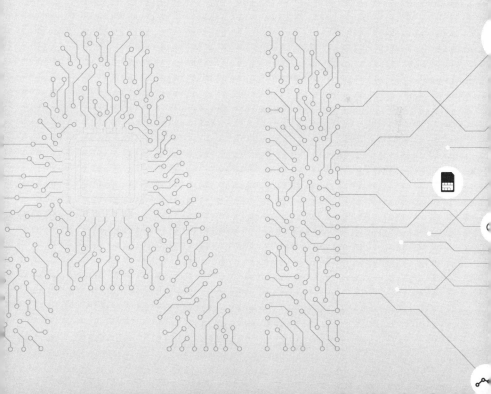

在项目管理中，风险如影随形，往往对项目目标的实现构成重大挑战。随着人工智能技术的发展，AI 在风险管理中的应用日益广泛，为项目管理者提供了全新的视角和工具。

本章阐述了风险识别、分析和应对策略的制定，全面解析 AI 在风险管理流程各个环节的应用和价值，帮助读者理解并掌握这一实用技能，以提升项目管理的整体效能和成功率。

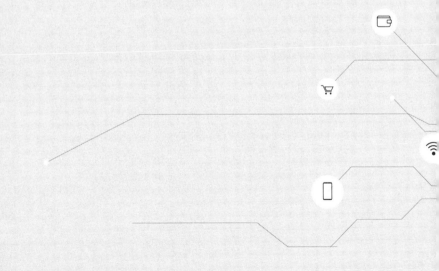

# 1 风险管理的关键环节

风险的本质是不确定性。

项目风险是指在项目执行过程中可能出现的不确定性事件或情况，这些事件或情况可能影响项目的目标、进度、成本、质量等方面，甚至可能导致项目失败。不确定性也包括可能带来的机遇。

风险管理的重要性不论怎么强调都不为过。众多项目的失控或失败，往往就是由于不重视风险管理造成的。高度重视并有效实施风险管理，是确保项目成功的关键。

风险管理是一个系统的过程，它涵盖了七个关键步骤，如表4-1所示。

表4-1　项目风险管理的七个关键步骤

| 序号 | 关键步骤 | 详细描述 |
|---|---|---|
| 1 | 识别风险 | 发现可能影响项目目标实现的所有潜在风险，通过团队会议、头脑风暴及专家咨询等方式完成 |
| 2 | 分析风险 | 评估潜在风险发生的可能性及其可能带来的影响程度，采用定性（如高、中、低评级）和定量方法 |

（续）

| 序号 | 关键步骤 | 详细描述 |
|---|---|---|
| 3 | 进行风险排序 | 根据严重性和紧迫性对所有已识别风险进行优先级排序，集中资源处理发生可能性大且影响较大的风险 |
| 4 | 制订风险应对计划 | 针对每个重要风险制订具体行动计划，包括规避、减轻、转移或接受策略，并准备应急方案 |
| 5 | 实施与监控 | 执行风险缓解计划，持续监控相关指标以确保措施的有效性，定期回顾并调整风险管理策略以适应新情况 |
| 6 | 沟通与报告 | 在整个项目周期内，与利益相关者保持良好沟通，及时准确报告风险状况，获取支持并促进决策 |
| 7 | 关闭风险 | 记录特定风险不再存在、其影响已得到妥善处理或已转成问题的情况，从活跃跟踪列表中移除该风险项 |

完成上述流程不仅可以有效降低风险给项目带来的负面影响，还能提高团队成员面对挑战时的信心，从而为项目的顺利完成奠定坚实基础。

# 2 AI 智能风控的三大优势

在项目管理中，风险管理无疑十分重要，同时也非常具有挑战性，核心难题有以下两个。

难题一：全面识别风险的挑战。

在风险管理过程中，项目团队需要保持极为敏锐的风险感知能力。一方面，要深入探究项目内部错综复杂的潜在风险；另一方面，还要时刻留意外部环境可能引发的各种威胁。只有这样，项目团队才能在纷繁复杂的项目信息中，全面识别风险。

难题二：应对策略与计划制订的挑战。

面对已识别的风险，如何设计出具有高度针对性且切实可行的应对策略和行动计划，是项目团队面临的又一个关键挑战。

当然，AI 的发展为风险管理带来了前所未有的机遇。AI 具有的三大优势可助力攻克风险管理难题。

### 1. 深化风险识别

AI 具备强大的智能分析能力，能够像资深专家一样，对项目信息进行深度剖析。它可以自主开展思考，补充可能被忽略的细节，借助先进的算法模型，精准定位潜在的风险点，从而助力风险识别全面、无遗漏。

### 2. 多维度风险洞察

AI 凭借自身丰富的知识储备和卓越的数据分析能力，能够从多个维度全面审视风险的来源和发展趋势。AI 就像一位经验丰富的顾问，可以为项目团队提供全面、深入的风险识别服务，帮助团队成员更好地理解风险的本质和特征，从而制定出更加有效的应对策略。

3.优化策略，拓展应对思路

AI 能够生成多样化的风险应对策略与计划，为风险管理者提供多种方案选择。这不仅打开了风险管理者的思维视野，还能促进项目团队制定出更为周全、有效的应对措施，以更好地应对各类风险。

# 3 风险识别的十种常用技术

开展风险识别，首先需要了解项目的风险类型有哪些。表 4-2 是一份详细的风险类型清单，有助于我们建立起全方位的风险认知框架。

表 4-2　风险类型清单

| 序号 | 风险类型 | 特征描述 |
|---|---|---|
| 1 | 范围风险 | 需求变更、需求缺陷、需求不清晰、范围蔓延 |
| 2 | 时间风险 | 资源不足、进度滞后、进度冲突、进度延误 |
| 3 | 成本风险 | 预算不足、成本超支、资源成本上升、估计不准 |
| 4 | 质量风险 | 质量缺陷、控制问题、标准不符、用户体验不佳 |
| 5 | 技术风险 | 技术难题、新技术不确定性、技术过时、兼容问题 |
| 6 | 沟通风险 | 信息缺失、信息延误与误传、利益相关方沟通不畅 |

（续）

| 序号 | 风险类型 | 特征描述 |
|---|---|---|
| 7 | 人力资源风险 | 人员招聘困难、关键技能短缺、员工离职、员工士气低落 |
| 8 | 供应商风险 | 供应中断、价格波动、合同纠纷、依赖单一供应商 |
| 9 | 信息数据风险 | 数据泄露、系统故障、黑客攻击、数据备份与恢复 |
| 10 | 组织内部风险 | 组织结构调整、内部流程不畅、部门间协调不畅 |
| 11 | 法律合规风险 | 违反法律法规、监管环境变化、合规性、诉讼罚款 |
| 12 | 市场风险 | 政策变化、市场趋势波动、客户偏好改变 |
| 13 | 环境风险 | 自然灾害、生态影响、社会责任、环保法规遵从性 |
| 14 | 经济风险 | 经济衰退、通货膨胀、行业竞争加剧 |

有多种技术或工具可帮助我们进行风险识别，每种都有其特定的适用场景。在实际应用中，我们应基于项目特性和团队能力进行选择（见表4-3）。

表4-3　风险识别常用技术或工具及其适用场景

| 序号 | 技术或工具 | 简要操作说明 | 适用场景 |
|---|---|---|---|
| 1 | 头脑风暴 | 组织团队会议，鼓励团队成员自由提出任何可能的风险想法，不加评判地记录下来 | 适用于启动阶段，快速生成大量关于潜在风险的想法 |

（续）

| 序号 | 技术或工具 | 简要操作说明 | 适用场景 |
|---|---|---|---|
| 2 | 德尔菲法 | 以匿名问卷方式收集专家意见，经多轮反馈和修订，达成共识 | 适用于复杂风险或专业领域风险的识别 |
| 3 | 风险核对表 | 使用基于以往项目经验的标准化检查清单，快速识别潜在风险 | 适用于新项目或有类似项目经验的项目 |
| 4 | 假设分析 | 检查项目的假设条件是否成立，评估假设失效的可能性和影响 | 适用于有假设条件的项目 |
| 5 | SWOT 分析 | 评估项目的优势、劣势、机会和威胁，确定内外部因素对项目的影响 | 适用于战略项目，评估优势、劣势、机会和威胁 |
| 6 | 故障分析 | 分析产品或系统的潜在故障模式，预防或减轻后果 | 适用于制造和工程领域 |
| 7 | 情景分析 | 构建不同情景，分析每种情景下可能的风险和机会 | 适用于不确定性大的项目 |
| 8 | 面谈 | 与领域专家一对一交谈，了解特定领域的风险 | 适用于获取特定领域专家的风险见解 |
| 9 | 网络研讨会 | 在线分享风险管理经验和最佳实践 | 适用于远程团队 |
| 10 | 因果图 | 识别导致特定风险的根本原因和影响因素 | 适用于分析风险形成的根本原因，尤其在解决问题时有效 |

# 四种风险应对策略及应用场景

在完成风险识别、分析其潜在影响与发生概率后，我们应依据风险的紧迫性和重要性，优先针对那些中高风险因素，精心策划应对策略，并制订出详尽的实施方案。

风险应对就是选择恰当的应对策略管理已识别的风险，目的是消除或减轻风险一旦发生可能对项目目标产生的不利影响。风险应对策略通常可归纳为四种类型：风险规避、风险减轻、风险转移和风险接受。

表 4-4 是四种风险应对策略的典型应用场景。

表 4-4　风险应对策略及应用场景

| 策略 | 定义 | 应用场景 |
| --- | --- | --- |
| 风险规避 | 采取措施完全避免风险的发生 | 高风险且可行替代方案存在时。如选择成熟技术而非不稳定的新技术 |
| 风险减轻 | 采取措施减少风险发生的可能性或减小其影响 | 无法完全避免但可降低风险时。如加强员工培训，减少人为错误 |
| 风险转移 | 通过外包、保险等方式，将风险后果转移给第三方 | 企业自身难以承担特定风险时。如购买保险将风险转移给保险公司 |

（续）

| 策略 | 定义 | 应用场景 |
|------|------|----------|
| 风险接受 | 明确接受风险存在，准备应急计划应对后果 | 低概率或高成本效益比的风险。如对市场波动风险，制订灵活预算 |

我们在选择风险应对策略时需要注意，对于同一风险点，有可能存在多种应对方案，但是，不同方案在执行效率、成本投入以及预期成效上可能存在明显差异。

# 5 操作案例：AI 视野宽，风险无遗漏

下面以第 2 章中提到的绿色科技公司可再生能源设施升级项目为例，详细说明利用 AI 识别风险的过程。操作步骤如下。

1. 访问 AI 平台

选择通义千问。

访问通义千问官网，完成用户注册流程，登录至个人账号。

2. 上传项目信息

定位到文件上传区，将项目信息、项目范围说明书文件上传至该平台。

## 3. 输入指令

在指令框输入风险识别指令，要求 AI 运用多种方法全面识别风险。指令提示词参考如下。

> 你是资深项目经理，具有丰富的风险识别实战经验，请你根据我发给你的项目信息和项目范围说明书，全面识别本项目的风险。
>
> 要求：
>
> 1. 运用多种风险识别方法，包括但不限于：头脑风暴、德尔菲法、假设分析、情景分析等。
>
> 2. 输出内容包括：序号、风险名称、风险描述、风险来源。
>
> 3. 用表格形式表达，以提高阅读性。

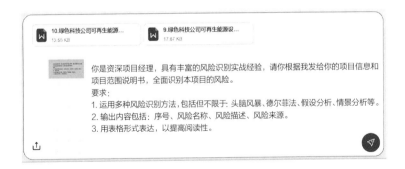

## 4. 分析输出结果

以下是通义千问输出的结果。

| 序号 | 风险名称 | 风险描述 | 风险来源 |
|---|---|---|---|
| 1 | 设备选型与采购延迟 | 关键设备的选型和采购过程可能因供应商问题或供应链中断而延迟 | 供应商、供应链 |
| 2 | 新旧设备兼容性问题 | 新引入的涡轮发电机可能与现有设施的其他部分不兼容，导致集成困难 | 技术兼容性 |
| 3 | 施工期间电力供应不稳 | 施工活动可能影响电力供应稳定性，导致用户用电需求无法满足 | 施工活动、电力调度 |
| 4 | 环保法规变更 | 项目实施过程中，当地环保法规可能发生变更，增加合规难度 | 法规变化 |
| 5 | 施工安全风险 | 施工过程中可能出现安全事故，如人员受伤、设备损坏等 | 施工现场 |
| 6 | 产能提升未达预期 | 即使进行了设备更新和技术改进，总产能提升可能未能达到至少20%的目标 | 技术性能、运营效率 |
| 7 | 天气因素影响施工进度 | 不利的天气条件（如极端天气、自然灾害）可能导致施工进度延误 | 自然环境 |
| 8 | 成本超支 | 项目成本可能超出预算9500万元，导致资金紧张 | 成本控制 |
| 9 | 项目延期 | 项目可能由于各种原因（如设备问题、施工延迟、审批延迟等）而延期完成 | 项目管理、外部因素 |
| 10 | 供应商违约 | 供应商可能无法按时交付设备或提供的设备质量不符合要求 | 供应商 |
| 11 | 技术创新失败 | 引入的新技术可能在实际应用中表现不佳，未能达到预期效果 | 技术性能 |
| 12 | 用户反对 | 项目实施过程中，周边居民或利益相关者可能对项目提出反对意见 | 社会因素 |

（续）

| 序号 | 风险名称 | 风险描述 | 风险来源 |
|---|---|---|---|
| 13 | 项目团队能力不足 | 项目团队成员可能缺乏必要的技能或经验，影响项目的顺利进行 | 人力资源 |
| 14 | 项目沟通不畅 | 项目团队与利益相关者之间的沟通不畅，导致信息传递不准确或延误 | 沟通协调 |
| 15 | 环境保护措施不到位 | 施工过程中可能未能有效执行环境保护措施，导致生态环境受损 | 环保措施 |
| 16 | 电力需求波动 | 项目实施过程中，电力需求可能因季节性或其他因素出现波动，影响施工 | 电力需求 |
| 17 | 项目范围变更 | 项目范围可能由于各种原因（如设计变更、新增需求等）而发生变化 | 项目管理 |
| 18 | 项目验收不合格 | 项目竣工后，可能因质量问题或不符合标准而无法通过验收 | 质量控制 |
| 19 | 项目文档不完善 | 项目文档（如设计报告、施工图纸等）可能不完整或不准确，影响项目实施 | 文档管理 |
| 20 | 项目资金不到位 | 项目所需资金可能由于各种原因（如政府拨款延迟、投资方撤资等）而不到位 | 资金管理 |

对于 AI 输出的风险列表，项目经理要结合经验进行分析和筛选。

虽然 AI 从各个角度识别了 20 种风险，但这并不意味着该项目真的存在这么多风险。我们要利用自己的专业经验做进一步的分析和判断，如果我们认为项目团队成员具备足够的技能和经验、项目资金已经到位等，不存在这些方面的风险，可以从风险列表中删除相关内容。

同时，根据经验，我们认为施工期间产生的废弃物如未妥善处理，会对环境造成污染，可能是一种风险，而 AI 并没有识别出来。这时，我们可以与 AI 互动，进一步讨论是否有风险。

5. 互动优化

继续与 AI 互动，进一步讨论和补充潜在风险点。

在通义千问的指令输入框输入如下指令。

> 施工期间产生的废弃物如未妥善处理，会对环境造成污染，可能是个风险。这个分析对吗？

施工期间产生的废弃物如未妥善处理，会对环境造成污染，可能是个风险。这个分析对吗？

以下是通义千问输出的结果。

> 是的，你的分析是正确的。施工期间产生的废弃物如果未妥善处理，确实会对环境造成污染，这是一种重要的风险。以下是该风险的详细描述和来源。
>
> | 序号 | 风险名称 | 风险描述 | 风险来源 |
> | --- | --- | --- | --- |
> | 21 | 废弃物处理不当导致环境污染 | 施工期间产生的废弃物如未妥善处理，可能会对周边环境造成污染，影响生态环境 | 施工活动、环保措施 |

通过进一步提问，AI 将提供详细分析，以帮助项目经理更全面地识别风险。在通义千问的指令框输入如下指令。

> 请你详细分析，在更新风力发电设施中的关键设备，特别是涡轮发电机的施工过程中，可能产生哪些废弃物？

请你详细分析，在更新风力发电设施中的关键设备，特别是涡轮发电机的施工过程中，可能产生哪些废弃物？

以下是通义千问输出的结果。

> 在更新风力发电设施中的关键设备，特别是涡轮发电机的施工过程中，可能会产生多种类型的废弃物。这些废弃物主要包括以下几种。

## 一、设备拆卸与更换过程中产生的废弃物

旧设备部件：涡轮发电机及其他相关旧设备部件在拆卸过程中将成为废弃物。这些部件可能包括电机、齿轮箱、变频器等，它们通常含有金属和其他可回收材料。

润滑油和冷却剂：在拆卸过程中，涡轮发电机内的润滑油和冷却剂可能会被排放出来，这些液体需要按照环保规定进行妥善处理。

## 二、施工辅助材料废弃物

包装材料：新设备的包装材料，如纸箱、木箱、泡沫塑料等，在拆箱后将成为废弃物。这些材料通常可以被回收

利用。

施工工具与设备磨损产生的废弃物: 施工过程中使用的工具和设备可能会因磨损或损坏而产生废弃物, 如损坏的钻头、切割片、磨损的电缆等。

## 三、建筑施工相关废弃物

虽然涡轮发电机的更新主要涉及设备更换, 但施工过程中可能仍需要进行一定的土建工作, 如地基加固、设备基础施工等, 因此可能会产生以下废弃物。

废弃混凝土: 如果施工过程中涉及混凝土浇筑, 那么废弃的混凝土将成为废弃物。这些废弃物可能需要经过破碎、筛分等处理后才能被回收利用。

建筑垃圾: 如废弃的砖瓦、砂石、土石方等, 这些垃圾通常需要进行分类处理, 可回收的部分进行回收, 不可回收的则进行妥善处理。

## 四、其他废弃物

废弃的油漆桶和涂料: 如果新设备或设施需要进行涂漆处理, 那么使用过的油漆桶和剩余的涂料将成为废弃物。这些废弃物需要按照危险废物进行处理。

防腐剂和其他化学品: 在设备储存或运输过程中可能使用的防腐剂、清洗剂等其他化学品, 在设备安装前需要被清除, 并作为废弃物处理。

施工人员生活垃圾: 施工期间, 施工人员的生活区也会产生生活垃圾，这些垃圾需要按照当地环保规定进行妥善处理。

根据常识，生活垃圾是没有必要纳入风险因素进行管理的。因此，我们可以继续与 AI 进行如下互动。

个人认为，生活垃圾是没有必要纳入风险因素进行管理的。请你依据常识进行判断，上述你识别出的风险中还有哪些是没有必要纳入风险管理的？

个人认为，生活垃圾是没有必要纳入风险因素进行管理的。请你依据常识进行判断，上述你识别出的风险中还有哪些是没有必要纳入风险管理的？

以下是通义千问输出的结果。

理解你的意思后，我再次审视了之前识别出的可能风险点，并基于风险管理的核心原则——关注那些可能对项目目标（如进度、成本、质量、安全或环保合规性）产生重大负面影响的不确定性因素——进行了进一步筛选。以下是我认为不需要纳入风险管理的因素。

1. 施工人员生活垃圾（已提及）

这确实是日常生活中产生的废弃物，与项目施工的直接风险无关，且通常可以通过项目所在地的市政垃圾处理系统进行处理。

### 2. 包装材料的常规回收

如果包装材料是标准的、可回收利用的，并且回收过程简单、成本低廉，那么它们通常不需要作为特殊风险进行管理。当然，如果回收过程复杂或成本高昂，或存在环保合规性问题，那么就需要考虑将其纳入风险管理。

### 3. 施工工具与设备的正常磨损

施工工具和设备在使用过程中会有一定的正常磨损，这是预期之内的。除非磨损异常严重或导致重大故障，否则通常不需要将其作为风险进行管理。正常的磨损和替换应纳入项目预算和计划之中。

以下是我认为需要继续关注的风险点。

（1）旧设备部件的处理：涉及环保法规、成本和安全等问题。

（2）润滑油和冷却剂的处理：可能对环境造成污染。

（3）废弃混凝土和建筑垃圾的处理：可能影响环境和项目成本。

（4）废弃的油漆桶和涂料：通常属于危险废弃物，需要特别处理。

（5）防腐剂和其他化学品的处理：可能对人体和环境造成危害。

总之，在利用 AI 开展风险识别的过程中，我们要充分发挥人的能动性。切记，尽管 AI 具有强大的能力，但它只是工具，不能完全取代人的思考和判断。

# 6 操作案例：AI 精准生成风控方案

本节继续以绿色科技公司可再生能源设施升级项目为例，针对"新旧设备兼容性问题"风险，介绍 AI 辅助生成风控方案的过程。

操作步骤如下。

1. 访问 AI 平台

选择文心一言。

访问文心一言官网，完成用户注册流程，登录至个人账号。

2. 上传项目信息

定位到文件上传区，将绿色科技公司可再生能源设施升级项目的项目基本信息和项目范围说明书文件上传至文心一言平台。

3. 输入指令

在文心一言的指令框输入指令，要求 AI 针对特定风险制订多套应对计划，并进行优势比较分析。指令提示词参考如下。

你是资深项目经理，对风险识别有丰富的实战经验。请你针对本项目中的新旧设备兼容性风险（即新引入的涡轮发电机可能与现有设施的其他组件存在不兼容的情况，导致集成困难）制订三套应对方案，并进行优势比较分析，在此基础上推荐最佳方案。

要求应对方案包含如下内容。

（1）应对策略：规避、减轻，还是转移。

（2）实施应对策略的时间。

（3）实施应对策略所需资源的估算。

（4）应急响应计划。

（5）监控与报告机制。

（6）评估风险应对效果的方法。

（7）更新和维护风险应对计划的流程等。

9. 绿色科技公司可再生能源 ... | 1.2k 字　　10. 绿色科技公司可再生能源设 ... | 339 字

你是资深项目经理，对风险识别有丰富的实战经验。请你针对本项目中的新旧设备兼容性风险（即新引入的涡轮发电机可能与现有设施的其他组件存在不兼容的情况，导致集成困难）制订三套应对方案，并进行优势比较分析，在此基础上推荐最佳方案。

要求应对方案包含如下内容。

1. 应对策略：规避、减轻，还是转移。

2. 实施应对策略的时间。

3. 实施应对策略所需资源的估算。

4. 应急响应计划。

5. 监控与报告机制。

6. 评估风险应对效果的方法。

7. 更新和维护风险应对计划的流程等。

联网搜索　　调用工具

4. 分析输出结果

以下是文心一言输出的结果。

## 一、应对方案制订

### 方案一：规避策略

（1）应对策略：规避。

通过在采购新设备前进行详尽的技术评估和兼容性测试，确保新引入的涡轮发电机与现有设施完全兼容。

（2）实施时间：项目启动初期至设备采购前。

在设备选型阶段即开始实施，确保有足够的时间进行测试和评估。

（3）资源估算。

技术评估费用：约 50 万元。

兼容性测试设备租赁费用：约 30 万元。

专业技术人员工时费：约 60 万元。

（4）应急响应计划：若发现不兼容情况，立即启动重新选型流程，调整项目进度计划。

（5）监控与报告机制：设立兼容性测试小组，定期向项目经理报告测试结果。

（6）评估效果方法：通过模拟运行环境，验证新设备与现有设施的兼容性。

（7）更新和维护流程：根据测试结果，及时更新设备选型方案，确保后续采购的设备均符合兼容性要求。

**方案二：减轻策略**

（1）应对策略：减轻。

对现有设施进行必要的技术升级，以适应新设备的接入。

（2）实施时间：设备采购后至安装前。

在新设备到货前完成现有设施的技术升级工作。

（3）资源估算。

技术升级费用：约 800 万元。

升级期间电力损失补偿费用：约 100 万元。

（4）应急响应计划：若升级过程中出现问题，立即启动备用方案，确保电力供应不受影响。

（5）监控与报告机制：设立技术升级专项小组，定期向项目经理报告升级进度和遇到的问题。

（6）评估效果方法：通过现场测试和模拟运行，验证技术升级后的兼容性。

（7）更新和维护流程：升级完成后，对升级后的设施进行定期维护和检查，确保其稳定运行。

**方案三：转移策略**

（1）应对策略：转移。

与设备供应商签订兼容性保证协议，将兼容性风险转移给供应商。

（2）实施时间：设备采购合同签订前。

在与供应商谈判阶段即明确兼容性要求，并签订相关协议。

（3）资源估算。

兼容性保证协议费（可能包含在设备采购合同中）：约
500 万元。

可能的法律咨询服务费用：约 20 万元。

（4）应急响应计划：若出现不兼容情况，立即要求供应
商提供解决方案，并依据协议追究其责任。

（5）监控与报告机制：与供应商建立定期沟通机制，跟
踪设备兼容性问题的解决进度。

（6）评估效果方法：通过现场测试和模拟运行，验证供
应商提供的解决方案的有效性。

（7）更新和维护流程：要求供应商提供长期的技术支持
和维护服务，确保设备的稳定运行。

## 二、优势与劣势比较分析

| 策略名称 | 优势 | 劣势 |
|---|---|---|
| 规避策略 | 能够从根本上避免兼容性问题的发生，降低项目风险 | 需要投入较多的时间和资源进行测试和评估 |
| 减轻策略 | 通过技术升级适应新设备接入，提高灵活性和可扩展性 | 技术升级费用较高，可能对现有设施的稳定性造成影响 |
| 转移策略 | 能够将兼容性风险转移给供应商，减轻项目团队的压力 | 需支付额外费用给供应商，且可能面临法律纠纷的风险 |

### 三、推荐最优应对计划

综合考虑上述策略的优势与劣势，以及项目的实际情况和需求，推荐规避策略作为最优应对方案。原因如下。

（1）风险最低：详尽的技术评估和兼容性测试，能够从根本上避免兼容性问题的发生，降低项目风险。

（2）成本可控：虽然需要投入一定的时间和资源进行测试和评估，但相对于技术升级和转移策略来说，成本相对较低且可控。

（3）项目稳定：能确保项目的稳定性和顺利进行，避免因兼容性问题导致的项目延期或成本超支。

AI 根据要求输出了多套应对方案及其优劣势分析，项目经理可结合项目实际情况选择最优方案。

# 7 风险管理中的三个注意事项

在风险管理的实际操作中，除了遵循上述的风险识别、分析和应对策略外，我们还需要注意以下三个重要方面。

1. 持续监控与调整

风险管理是一个动态过程，我们需要持续监控相关指标，以确保措施的有效性。一旦发现风险状况发生变化，或应对措施未能达到预期效果，应及时调整风险管理策略，以适应新情况。

2. 沟通与协作

在整个项目周期内，与利益相关者保持良好的沟通至关重要。及时准确报告风险状况，获取支持是风险管理成功的重要保障。同时，项目团队内部也应加强协作，共同应对项目风险。

3. 专业知识的应用

虽然 AI 在风险管理中具有诸多优势，但项目经理仍需结合自身的专业知识和经验进行决策。AI 只是工具，不能让 AI 取代人的思考和判断。在面对复杂和不确定的风险时，项目经理应充分运用自身的专业知识和经验，结合 AI 的分析结果，做出更加准确和有效的决策。

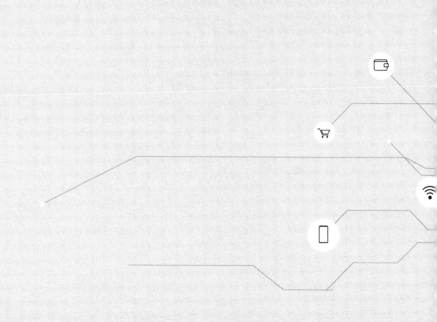

# 第 5 章
# AI 优化项目沟通
# 与冲突解决

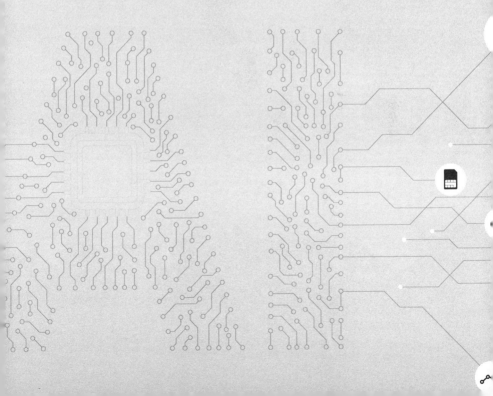

在复杂项目的推进过程中，沟通中的冲突屡见不鲜，往往成为项目延期或引发其他严重问题的罪魁祸首。当技术团队、业务部门和需求方之间产生激烈争执时，传统的沟通方式难以迅速解决问题。

　　本章我们将探索 DeepSeek，了解它如何凭借智能分析技术助力项目经理快速化解冲突，促进各方共识的达成。

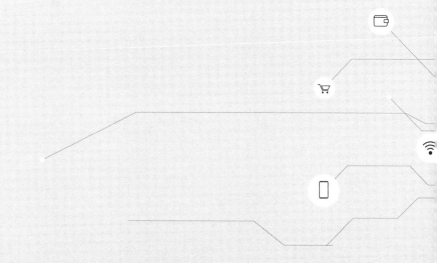

# 1 五种典型冲突场景

项目中的矛盾冲突是常见现象，其产生的原因复杂多样。以下是五种典型的冲突场景。

（1）任务分配不均：团队成员对任务分配有异议，认为自己负责的任务难度大、工作量大等，因不公平感导致冲突。

（2）工作方法分歧：在面对工作方法、技术路线等选择时，团队成员各有各的认知，各执一词。

（3）资源争夺：为了有利于完成各自的任务，团队成员对项目的有限资源包括人员、资金、设备等进行激烈争夺。

（4）目标认知偏差：对项目目标、优先级、成果等没有达成一致理解，导致冲突。

（5）个性沟通障碍：因团队成员的性格差异、沟通风格不同，在项目执行过程中常常会出现误解、不理解，或不能接受对方的情况，导致冲突发生。

例如，下面是一个具体的任务分配不均的冲突场景。

会议室里，项目经理正在宣布任务分配情况。

- 项目经理："A，你负责核心算法的开发；B，你负责用户界面的设计。"

- A（皱眉）："等等，我觉得这个分配不公平。核心算法的开发要比用户界面设计复杂得多，我一个人怎么可能在这么短的时间内完成？"

- B（耸肩）："那是因为你总是喜欢把事情搞得很复杂。用户界面设计也不容易，需要大量的创意和细节。"

- A（愤怒）："创意和细节？这根本不是一回事！我的任务涉及大量的逻辑和算法优化，你只是在画图而已！"

- B（生气）："画图？你以为用户界面设计就是随便画画吗？用户体验才是最重要的！"

- 项目经理（打断）："好了，大家都冷静一下。我们需要的是合作而不是争吵。"

- A（不服气）："合作？如果任务分配不公平，怎么合作？"

- B（冷哼一声）："那你就去找经理吧，看看他怎么说。"

面对这样激烈的冲突，作为项目经理，你将如何沟通来缓和局面，找到双赢的解决方案？

别急，掌握沟通话术，将轻松化解各种冲突。

# 2 话术提升，巧破冲突困局

在你的项目中，冲突是否频繁出现？你又是如何巧妙化解这些冲突的呢？你是否曾经遇到过调解失败，反而导致冲突升级的情况？实际上，冲突与矛盾在项目推进过程中是在所难免的，这并不可怕，关键在于我们是否精通化解冲突的艺术。如果一句话说得恰到好处，不仅能平息争端，更能促进团队成员之间的和谐与默契。

表 5-1 给出了五种冲突化解话术，能够更加巧妙地处理分歧，促进合作。

表 5-1　五种冲突化解话术

| 序号 | 话术要点 | 话术示例 | 解释 |
|---|---|---|---|
| 1 | 倾听与确认 | "我听到你说的是……，是这样吗？" | 通过复述对方的观点来确认自己的理解是否正确，表明你在认真倾听，并且尊重对方的意见 |
| 2 | 共情与理解 | "我能理解你为什么会有这种感觉，因为……" | 表达对对方情感的理解，让对方感受到被认可和理解，有助于缓解紧张情绪 |
| 3 | 寻求共同点 | "我们都希望项目成功，对吧？我们如何共同努力来实现这个目标呢？" | 找到双方都认同的目标或价值，以此为基础来构建解决方案 |

（续）

| 序号 | 话术要点 | 话术示例 | 解释 |
|---|---|---|---|
| 4 | 开放式提问 | "你觉得我们怎样才能更好地解决这个问题？" | 通过开放式问题鼓励对方提出解决方案，而不是仅仅停留在问题本身 |
| 5 | 积极反馈 | "非常感谢你提出这个问题，这对我们项目的成功非常重要。" | 即使在冲突中，也要肯定对方的努力和贡献，增强团队的正面氛围 |

为了提高沟通能力，我们可以借助 AI 的帮助进行复盘练习。回顾自己经历过的团队冲突情景，将具体情景描述输入 AI，让 AI 提供沟通策略与话术建议。

此外，我们还可以让 AI 提供多个版本的解决方案，以便从中选择最适合自己和团队的方式。

# 3 操作案例：AI 巧妙化解任务分配矛盾

你是否曾经因项目中不断出现的各种冲突而焦虑？如果出现任务分配不均的冲突，你将如何解决？

别慌，借助你的助手 DeepSeek，三步解决。

第一步：访问 DeepSeek 官网。

打开浏览器，访问 DeepSeek 官网，完成用户注册、登录至个人账号。

点击"开始对话"，然后选中"深度思考（R1）"，可开启强大的深度思考功能，并且能显示其思考过程。

第二步：在 DeepSeek 的指令框输入指令。

DeepSeek 就像一位经验丰富的专家，所以发送给它的指令不要有太多限制，给它更多自由发挥的空间。我们沿用本章第 1 节的案例，如下指令供参考。

以下是一个任务分配不均的冲突场景，请你针对该矛盾冲突提供五套解决方案，包括具体的沟通话术和沟通方式。

解决方案要通俗易懂，让新手项目经理能够看懂、理解、即学即用。

会议室里，项目经理正在宣布任务分配情况。

- 项目经理："李华，你负责核心算法的开发；张明，你负责用户界面的设计。"
- 李华（皱眉）："等等，我觉得这个分配不公平。核心算法的开发要比用户界面设计复杂得多，我一个人怎么可能在这么短的时间内完成？"
- 张明（耸肩）："那是因为你总是喜欢把事情搞得很复杂。用户界面设计也不容易，需要大量的创意和细节。"
- 李华（愤怒）："创意和细节？这根本不是一回事！我的任务涉及大量的逻辑和算法优化，你只是在画图而已！"
- 张明（生气）："画图？你以为用户界面设计就是随便画画吗？用户体验才是最重要的！"
- 项目经理（打断）："好了，大家都冷静一下。我们需要的是合作而不是争吵。"
- 李华（不服气）："合作？如果任务分配不公平，怎么合作？"
- 张明（冷哼一声）："那你就去找经理吧，看看他怎么说。"

DeepSeek 提供的五套解决方案如下所示。

## 方案一："搭把手"平息怒火（3 分钟快速收场）

适用场景：激烈争吵时紧急降温。

操作步骤：

（1）拍桌打断：突然用力敲桌子（制造声响引人注意）。

（2）共情话术："李华和张明都是咱们项目的顶梁柱（双手分别指向两人），这样吵下去，谁都担不起耽误进度的责任啊！"

（3）转移焦点："这样，我们先定个时间表怎么样？李华说说算法开发最少需要几天，张明说说界面设计要多久能出初稿？"

## 方案二："分蛋糕"可视化公平（10 分钟结构化解）

适用场景：需建立直观的任务量认知。

操作工具：两张 A4 纸、记号笔。

操作步骤：

（1）画任务图谱：在白板左侧画一个大火炬（代表算法开发），右侧画一个大蛋糕（代表界面设计）。

（2）填满细节："李华，你觉得算法开发这块需要哪些燃料？"（引导说出具体技术难点）"张明，你觉得界面设计需要哪些装饰？"（引导说出具体交互需求）。

（3）话术收尾："现在看起来，咱们就像在搭一座桥（连接左右两侧），少了哪边都不行，对吧？"

### 方案三："找家长"借力权威背书（5 分钟终结争论）

适用场景：需打破僵局时引入中立力量。

操作步骤：

（1）亮出证据：打开微信给李华看："CTO 说的，算法开发由你牵头。"（截图聊天记录）。

对张明说："产品总监刚刚提名你的设计作品拿奖。"（展示邮件）。

（2）话术模板："李华的技术能力是项目核心（递上咖啡），张明的设计创意是成功关键（递上奶茶）。咱们就按领导的要求做——李华主攻技术，张明把关体验，其他争议等会再聊行吗？"

### 方案四："换汤药"需求交换法（15 分钟创造共赢）

适用场景：双方均有合理诉求时。

操作步骤：

（1）提出交换条件："李华，如果让你负责算法开发，能不能抽空帮张明做一次界面原型测试？"

"张明，如果让你负责界面设计，能不能提前三天给李华需求文档？"

（2）达成交换话术："这样李华不用独自扛下技术压力（点头），张明也不用担心设计被技术埋雷（微笑），你们觉得怎么样？"

**方案五:"抓阄"游戏化决策(5 分钟趣味化解)**

适用场景:需快速达成表面共识。

操作工具:两个纸团、计时器。

**操作步骤:**

(1)规则说明:"现在我们要玩个小游戏——这两张纸条上分别写着'算法'和'设计'。"(快速写好揉成团)。

"谁抽到哪个任务就负责哪个,抽到的人可以提一个附加条件。"

(2)执行过程:让李华先抽,他大概率抽到算法(提前准备的纸团)。

李华提出:"能不能让张明帮我画个流程图?"

张明顺势答应:"行啊,但你要给我写代码注释!"

第三步:优化利用 DeepSeek 建议方案。

项目经理在采纳 DeepSeek 提供的沟通话术时,一定要经过自己的慎重思考和甄别,因为它的有些建议方案完全不可取。

项目经理灵活参考 DeepSeek 提供的方案,结合团队文化和成员的性格特点,可快速使问题得到圆满解决。

只要在项目中持续学习使用 DeepSeek,你的沟通技巧定将得到显著提升。

冲突管理的关键就三个字:快、巧、稳。

- 快：负面情绪上来时先按暂停键（如喊"停"或敲桌子）。

- 巧：用小游戏把专业问题变简单（如用蛋糕比喻任务）。

- 稳：事后一定要补上"小甜头"（如一句表扬或一杯咖啡）。

记住：管人不是参加辩论赛，而是想办法让人愿意跟你走！

# 4 操作案例：跨越个性沟通障碍

假设在一个艺术展览项目的宣传策略讨论中发生了冲突，具体场景如下。

项目背景：一家设计公司正在筹备一场大型艺术展览项目，项目经理负责整体协调，团队成员包括创意总监李华（性格内向、注重细节、追求完美）和市场经理王莉（性格外向、行事果断、强调效率）。随着项目进入紧张的筹备阶段，关于展览宣传策略的讨论发生了激烈的冲突。

- 项目经理："今天我们确定展览的宣传方案。李华，你先说说你的创意构想吧。"

- 李华（轻声细语）："我认为，我们应该侧重于艺术作品的深度解读，通过一系列微电影来讲述每件作品背后的故事。这样能更好地触动观众的情感，提升展览的品位。"

- 王莉（直接打断）："微电影？那太耗时了！我们的时间表已经很紧张了，而且我们的目标是吸引更多人来看展，不是让他们坐在家里看视频。我们应该利用社交媒体，做一些快节奏的短视频，加上有奖互动，快速扩大影响力。"

- 李华（眉头紧锁，语气略显不满）："王莉，我理解你对效率的重视，但艺术不是快餐文化。如果我们只追求眼球效应，那这场展览就失去了它的灵魂。微电影虽然耗时，但它能留下的印象是深远的。"

- 王莉（双手一摊，声音提高）："灵魂？我们连观众都吸引不来，还谈什么灵魂？你知不知道现在市场竞争有多激烈？我们的预算有限，必须每一分钱都花在刀刃上，快速见效！"

- 李华（声音也开始提高，情绪激动）："你这是对艺术的不尊重！我们是为了展现艺术的价值，不是为了迎合市场的低俗口味！"

- 项目经理（试图介入，但声音被淹没）："大家冷静一下，我们可以……"

- 王莉（打断项目经理，手指向李华）："冷静？他已经完全脱离实际了！我们是在做项目，不是在搞艺术乌托邦！客户要的是结果，是人流，是影响力！"

- 李华（站起来，脸色通红）："你只看到了眼前的利益，完全不顾及长远的影响和艺术家的感受！这样的项目，我宁愿不参与！"

- 王莉（同样站起，针锋相对）："好啊，那你就走人啊！看看没有你，我们能不能把这个项目做成！"

- 项目经理（用力敲桌子，终于让两人安静下来）："够了！这样争吵解决不了问题。我们都是为了项目好，但现在的方式显然不对。我们先冷静一下，明天再继续讨论，找到一个既能体现艺术价值，又能有效推广的方案。"

会议在不愉快的氛围中结束，李华和王莉各自愤然离席，留下项目经理独自面对满室的尴尬气氛和亟待解决的沟通难题。

如果你是这位项目经理，接下来怎么办？

可以问 AI。

这次我们选择文心一言。

操作步骤如下。

（1）访问文心一言官网，完成用户注册流程，登录至个人账号。

（2）将项目冲突描述文件上传至文心一言，在指令框输入以下指令。

> 你是一位资深项目经理，面对这样的冲突，下一步你将如何沟通呢？

以下是文心一言反馈的结果。

> 与李华的会谈
>
> - 项目经理："李华，我知道你对艺术有很深的热爱，今天会议上的争论也反映了你的执着。我想听听你对如何在项目中更好地体现艺术价值的看法。"
> - 李华（情绪平复）："我真的很担心我们的项目会变成纯粹的商业活动。艺术需要时间去品味、去理解。"
> - 项目经理："我完全理解你的立场。你觉得有没有可能我们在宣传中融入更多艺术元素，同时又能吸引观众的注意力？比如举办一些与观众互动的艺术工作坊？"

- 李华（眼睛一亮）："这个主意不错！如果我们能这样做，既能保持艺术的纯粹性，又能增加观众的参与度。"

- 项目经理："很好，那你明天就把具体想法提出来，和其他团队成员一起讨论。我会确保你的创意得到充分的尊重和考虑。"

第二天上午，团队再次集合

- 项目经理："昨天我们进行了一些深入的讨论，我了解到大家都有很好的想法和一些担忧。今天，我们一起来制定一个既能体现艺术价值，又能有效推广的宣传策略。李华，你先说说你的想法吧。"

（接下来的会议中，项目经理鼓励团队成员积极发言，同时引导他们关注共同目标，即项目的成功。通过讨论和妥协，团队最终达成了一个既能保持艺术的纯粹性，又符合市场需求的宣传方案。）

如果你对 AI 提供的方案不满意，还可以继续与 AI 沟通。可以输入如下指令。

还有更妙的方式吗？

以下是文心一言再次反馈的结果。

当然，处理团队冲突时，采用更加细腻和富有创意的沟通方式往往能取得更好的效果。以下是一个更妙的沟通策略，不仅能解决当前的冲突，还增强团队凝聚力和创新能力。

当天晚上，项目经理决定组织一次非正式的晚间茶话会，邀请李华和王莉以及团队中的其他关键成员参加。

茶话会现场，气氛轻松。

- 项目经理（微笑着）："今天会议上的讨论很热烈，说明我们都很在乎这个项目。但我也意识到，我们可能太专注于自己的立场，而忘了我们共同的目标。今晚，我想换个方式，让我们来一场'头脑风暴'。"
- 李华（好奇）："头脑风暴？怎么进行？"
- 项目经理："很简单，我们先忘掉所有的限制和规则，只保留对项目的热爱和对成功的渴望。接下来，我会给出一个主题，比如'如何在保持艺术的纯粹性的同时，让展览火遍全城'，然后我们每个人轮流说出自己的想法，无论多疯狂都可以。记住，没有批评，只

131

有建议。"

团队成员们纷纷点头，气氛变得活跃起来。

- 王莉（首先发言）："我觉得我们可以搞一个'艺术寻宝'活动，观众通过解谜来找到展览中的特定作品，这样既能增加互动性，又能让他们更深入地了解艺术作品。"

- 李华（受到启发）："这个主意很有趣！我们可以在每个作品旁放置一个二维码，扫描后就能听到艺术家亲自讲述作品背后的故事，这样既能保持艺术的深度，又能利用现代科技吸引年轻人。"

其他团队成员也开始积极发言，提出各种创意和想法。

- 项目经理（适时引导）："看，当我们放下防备，敞开心扉，我们的创造力是无穷的。现在，让我们把这些想法整合起来，制订一个既实用又富有创意的宣传方案。记住，我们的目标是让这个项目成为我们所有人的骄傲。"

团队成员们兴奋地讨论着，充满了激情。

茶话会结束时，项目经理总结道："今晚，我们不仅化解了冲突，还找到了新的灵感和方向。这就是团队的力量。明天，我们将以全新的面貌和更加坚定的信念，继续我们的项目之旅。"

通过这种方式，项目经理不仅巧妙地化解了团队成员之间的冲突，还激发了团队的创造力和凝聚力。团队成员们在轻松愉快的氛围中重新找到了共同的目标和愿景，为项目的成功奠定了坚实的基础。

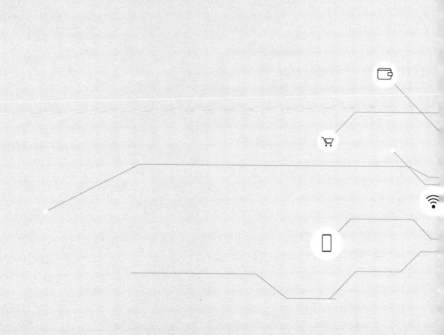

# 第 6 章
# AI 赋能，让总结
# 与汇报更精彩

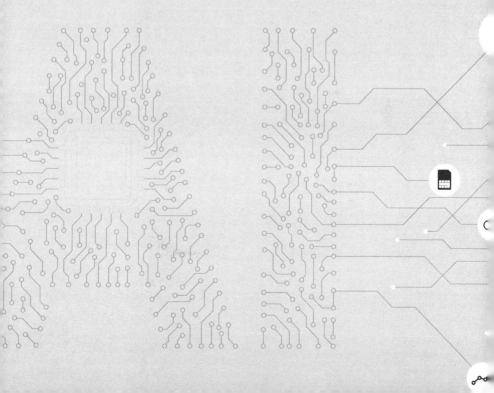

项目进展总结与汇报，是项目经理的核心工作内容之一。

无论是项目团队内部的定期例会，还是面向项目的高层领导、客户及关键利益相关者的汇报，每场会议都承载着特定的目标与期待，项目经理必须根据会议的性质与受众，精心策划工作总结与汇报的每个细节——内容的核心要点、语言的风格与语气，以及信息的呈现方式等，力求每次会议都能精准传达信息，达到预期效果。这无疑对项目经理的专业能力与时间管理能力都提出了极高的要求。

幸运的是，AI 为项目经理带来了前所未有的助力。本章将详细介绍 AI 如何辅助项目经理高效进行项目进展的总结与汇报。

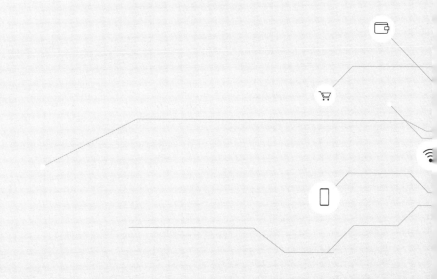

# 1 项目例会：强化内部协同的艺术

项目例会是项目管理的核心机制之一，其重要性体现在以下五个方面。

1. 信息共享，促进协同

通过项目例会，团队成员能够及时交流项目进展、共享关键信息，从而增强团队协作，提升工作效率。

2. 问题识别与解决

项目例会为团队成员提供了一个共同讨论问题、寻找解决方案的平台，有助于预防风险，减少项目障碍，确保项目顺畅进行。

3. 团队激励

项目例会中的正面反馈与鼓励能够提振团队士气，增强成员的归属感、荣誉感与创造性，进而提升团队的整体战斗力。

4. 目标聚焦与责任明确

通过项目例会，团队成员能够明确项目目标，界定个人责任，确保每个人的努力都与项目目标保持高度一致。

5.计划调整与优化

面对项目过程中的变化，项目例会提供了灵活调整计划的机会，确保项目能够持续推进。

#  2　阶段总结：展示成果，识别风险

开展阶段性工作总结汇报，旨在通过全面、系统地回顾项目各方面的进展情况，实现以下四个核心目的。

1.增强领导信心

通过详细展示项目当前的进展、已取得的成果以及未来的规划，确保公司领导对项目有全面的了解，从而增强其对项目成功的信心。

2.凸显项目价值

突出项目工作中的亮点和成绩，用数据和具体的事例说明项目为公司带来的实际价值和贡献。

3.有效识别与应对风险

深入分析项目当前面临的风险和挑战，制定针对性的应对策略和措施，同时寻求领导的支持和资源调配，以确保项目能够顺利推进。

### 4. 提振团队士气与获得认可

通过汇报展示团队的努力和成果，争取领导对项目工作的认可和表彰，进而提振团队成员的士气，促进团队的持续进步和发展。

# 3 客户汇报：建立信任，彰显价值

客户汇报是项目管理中另一个关键环节，它对于构建客户信任、深化合作关系具有不可估量的价值。结合 AI，以下三大策略将助力你在客户汇报中脱颖而出。

### 1. 个性化定制内容

深入洞察客户需求与兴趣点，为客户量身打造汇报内容，确保每句话都能触动客户心弦，增强汇报的吸引力与针对性。

### 2. 可视化呈现信息

巧妙运用图表、图形等元素，将复杂的数据与信息以直观易懂的方式展现出来，使客户能够迅速把握汇报内容的核心，提升汇报效果。

### 3. 突出项目的客户价值

强调项目为客户带来的实际利益与长远价值，通过具体案例与数据支撑，提升客户对项目价值的认可度和满意度。

**操作案例：高效组织项目例会**

下面以一个智能仓储管理系统开发项目的两个场景为例，展示 AI 如何高效辅助项目经理进行例会准备，如何召开项目例会。

智能仓储管理系统开发项目现状：

目前，完成了项目总任务的大约 60%，各项工作正常按计划开展，没有延迟。

本周完成了库存管理模块的开发和测试。

下周任务是系统集成测试和用户界面优化。

当前存在的问题是数据库查询性能较低，需要优化。

李四和王五表示任务繁重，加班较多。

李四在数据库优化方面表现突出，王五在用户界面设计中做出了重要贡献。

**场景一：例会准备**

操作步骤如下。

1. 访问 AI 平台

选择文心一言。

访问文心一言官网，完成用户注册流程，登录至个人账号。

2. 输入指令

在文心一言的指令框输入指令，要求 AI 根据项目当前情况提供例会的会议议程。指令提示词参考如下。

明天准备召开项目例会。你是经验丰富的项目经理，请根据如下项目信息生成简洁高效的项目例会会议议程。

智能仓储管理系统开发项目，目前完成了 60%，各项工作正常按计划开展，没有延迟。本周完成了库存管理模块的开发和测试。下周任务是系统集成测试和用户界面优化。当前存在的问题是数据库查询性能较低，需要优化。李四和王五表示任务繁重，加班较多。李四在数据库优化方面表现突出，王五在用户界面设计中做出了重要贡献。

明天准备召开项目例会。你是经验丰富的项目经理，请根据如下项目信息生成简洁高效的项目例会会议议程。
智能仓储管理系统开发项目，目前完成了 60%，各项工作正常按计划开展，没有延迟。本周完成了库存管理模块的开发和测试。下周任务是系统集成测试和用户界面优化。当前存在的问题是数据库查询性能较低，需要优化。李四和王五表示任务繁重，加班较多。李四在数据库优化方面表现突出，王五在用户界面设计中做出了重要贡献。

⊕ 联网搜索　　⊙ 调用工具　　　　　　　　　　🗋 🖼 @ ◥

以下是文心一言的反馈。

## 智能仓储管理系统开发项目例会议程

时间：（日期）（时间）| 时长：25min | 主持人：（你的名字）

### 一、会议目标（2min）

1. 确认项目当前进度（完成 60%，无延迟）。

2. 解决数据库性能瓶颈问题。

3. 调整资源分配，缓解团队压力。

### 二、进度更新与成果（5min）

已完成：

☑ 库存管理模块开发与测试（本周闭环）。

☑ 所有里程碑按计划推进（无延迟）。

风险预警：

⚠ 数据库查询响应慢（需优先优化）。

### 三、核心问题讨论（10min）

议题 1：数据库性能优化

1. 李四汇报优化方案。

2. 进行讨论。

3. 决策：要求 2 天内提交最终优化报告。

议题 2：团队负荷管理

1. 分配 1 名后端开发人员协助李四。

2. 从测试团队抽调 1 人临时支持王五的界面设计。

3. 本周加班超 20h 的成员周五弹性下班。

## 四、下周关键任务（5min）

1. 系统集成测试（优先级 A）：测试团队主导，开发配合环境部署。

2. 用户界面优化（优先级 B）：王五牵头，新增设计资源周二到岗。

3. 数据库优化落地（优先级 A）：李四团队周三前完成压力测试。

## 五、团队表彰（3min）

表扬：

🏆 李四（数据库优化取得突破性进展）。

🏆 王五（UI 设计获客户内测好评）。

## 六、会议决议跟踪

1. 发送会议纪要 + 任务清单（1h 内）。

2. 下次例会重点：系统集成测试报告 + 性能数据。

## 七、会议结束

"高效执行，保持韧性！"

备注：议程聚焦关键卡点，通过资源调配平衡团队压力，同时强化正向反馈。

项目经理继续与 AI 互动，输入指令。

请分别给出激励李四和王五的方案和话术，请分别提供三套方案。要求语言风格适合项目例会的场合。

请分别给出激励李四和王五的方案和话术，请分别提供三套方案。要求语言风格适合项目例会的场合。

🗎 文件　　🖾 图片

🗲 润色　　

文心一言反馈如下。

## 激励李四（数据库优化）话术

### 1. 专业表彰

李四，你在数据库优化上的杰出表现令人瞩目，特授予"技术卓越奖"，并邀请你在技术分享会上分享经验。继续加油，期待你取得更多成就！

### 2. 职业发展

李四，公司看好你的技术潜力和领导力，将为你提供高级技术培训，并考虑纳入技术晋升通道。继续发光发热，未来可期！

### 3. 团队奖励

李四，为感谢你对团队的贡献，特奖励你一次全家出游机会，并在团队中表彰你的事迹。继续引领团队前进！

## 激励王五（用户界面设计）话术

### 1. 设计认可

王五，你的设计令人眼前一亮，特授予"最佳设计奖"，作品展示在成果墙上。继续发挥创意，期待你的更多佳作！

2. 项目参与

王五，你的设计才华对公司至关重要。公司将邀请你参与更多重要项目。继续展现你的才华！

3. 成长机会

王五，为感谢你的贡献并助力你继续成长，公司给你提供参加国际设计论坛的机会。继续用设计点亮我们的产品！

### 场景二：例会进行中

会议室中，项目经理通过大屏幕向团队成员展示了项目当前遇到的问题，即数据库性能问题，并打开文心一言，输入如下指令。

请你进一步分析数据库查询性能较低的原因，并给出五套优化方案建议。

请你进一步分析数据库查询性能较低的原因，并给出五套优化方案建议。

田 文件　　图片　　　　　　　　　　　　　　　　　　　↗ 润色

文心一言反馈如下。

**数据库查询性能较低的原因分析**

数据库查询性能较低的原因可能涉及多个方面，包括数据库设计、硬件资源、查询语句、数据量以及数据库配置等。以下是对这些原因的分析。

## 一、数据库设计问题

1. 表的结构设计不合理，如各表之间存在冗余数据、缺乏必要的索引或索引设计不合理。

2. 数据类型选择不当，导致存储空间浪费或查询效率低下。

3. 表的关联复杂，过多的连接操作增加了查询负担。

## 二、硬件资源问题

1. 内存容量不足，导致频繁的磁盘 I/O 操作，降低了查询速度。

2. CPU 处理能力不足，无法快速处理复杂的查询请求。

3. 磁盘 I/O 速度慢，影响了数据的读写效率。

## 三、查询语句问题

1. 查询语句编写不当，如存在大量的子查询、不合理的连接操作或使用了非 SARGable（不可搜索的参数）表达式。

2. 查询语句未充分利用索引，导致全表扫描。

3. 查询语句返回的数据量过大，增加了网络传输负担。

## 四、数据量过大

1. 数据库中数据量超过一定程度时，查询性能会明显下降。

2. 单表数据量过大，增加了查询的复杂性和时间消耗。

## 五、数据库配置问题

1. 数据库参数配置不合理，如缓冲区设置过小、线程数配置不当等。

2. 数据库连接池配置不当，导致连接获取缓慢或连接泄漏。

## 数据库查询性能优化方案建议

针对上述原因，以下提供五套优化方案建议。

### 一、优化数据库设计

1. 规范化设计数据库表，避免数据冗余和不一致性。

2. 根据查询需求创建合适的索引，优化索引结构，避免过度索引。

3. 合理选择数据类型，减少存储空间和 I/O 操作。

4. 对于大型表，考虑进行垂直拆分或水平拆分，以提高查询效率。

### 二、提升硬件资源配置

1. 增加内存容量，减少磁盘 I/O 操作。

2. 升级 CPU 或增加 CPU 核心数，提高数据处理能力。

3. 使用 SSD 等高速存储设备替代 HDD，提高数据读写速度。

### 三、优化查询语句

1. 使用 Explain 等工具分析查询语句的执行计划，找出性能瓶颈。

2. 避免使用子查询，尽量使用连接操作替代。

3. 优化 Where 子句，使用 SARGable 表达式，确保索引被充分利用。

4. 使用 LIMIT 减少返回数据量，避免不必要的数据传输。

## 四、数据分区和分页

1. 对于大型表，实施数据分区策略，将数据分散到不同的物理存储区域。

2. 在查询时使用分页技术，每次只查询和处理一部分数据。

3. 定期对数据进行归档和清理，减少无用数据对查询性能的影响。

## 五、优化数据库配置和性能监控

1. 根据数据库的使用情况调整配置参数，如缓冲区大小、线程数等。

2. 建立数据库性能监控机制，实时监控数据库的运行状态和性能指标。

3. 定期对数据库进行维护和优化，如重建索引、更新统计信息等。

4. 使用专业的数据库性能监控工具进行实时监控和分析，为优化工作提供数据支持。

　　项目经理和团队成员一起，对文心一言给出的分析和建议方案进行了讨论和评估，最终形成了符合项目实际情况的优化方案，明确了后续计划和责任。项目经理对李四和王五进行了表扬，团队成员纷纷鼓掌，士气高涨。会议结束后，团队成员带着明确的目标离开会议室。

　　本案例中，项目经理在例会前巧借 AI，快速确定了详细的会议议程，并为李四、王五量身打造了激励方案。

　　会议中，AI 助力深挖数据库查询瓶颈，瞬间提供五套可供讨论的优化方案。会上，项目经理表彰了李四、王五，团队士气大振。

　　在 AI 的助力下，这场会议开得高效、顺畅。

# 5 操作案例：智能萃取工作亮点

　　项目经理在编制阶段性工作总结时，应涵盖以下关键要素。

　　（1）系统梳理并概述本阶段的核心工作内容与实际达成的成果。

　　（2）深入分析遇到的问题、风险、解决措施及成效。

　　（3）明确列出未来需要的具体资源需求及充分的理由说明。

（4）强调项目给公司带来的价值贡献与独特亮点，展示成功之处。

（5）表扬表现突出的团队成员，激励团队士气。

下面以智能仓储管理系统开发项目为例，说明如何用 AI 辅助完成工作总结。这次我们选择 Deepseek。项目经理已完成对二季度工作的全面梳理，详细情况如下，放在一个文件中。

## 智能仓储管理系统开发项目信息

1. 项目目标

（1）开发一套高效的智能仓储管理系统，实现仓库货物自动化、智能化管理。

（2）通过系统优化仓库空间利用率，提高货物存取效率。

（3）减少人为操作错误，提升客户服务质量。

2. 二季度完成的工作

（1）开发进度：完成了系统整体架构的 80% 开发工作，包括数据库设计、界面开发和后端逻辑编写。各项工作按计划开展，没有延迟。

（2）代码行数：共编写和测试了超过 50000 行代码，系统稳定，功能完整。

（3）漏洞修复率：开发团队成功修复了 95% 以上在测试阶段发现的漏洞，显著提升了系统的稳定性和用户体验。

（4）测试覆盖率：系统的功能测试覆盖率达到了 90%，

性能测试覆盖率达到了 85%，确保了系统能够在各种情况下稳定运行。

### 3. 主要工作成果

（1）系统原型完成：开发团队成功完成了智能仓储管理系统的原型开发，包括货物入库、出库、盘点等核心功能。

（2）用户界面优化：基于用户反馈，团队对系统界面进行了多轮优化，提升了用户友好性和操作便捷性。

（3）集成测试成功：团队完成了与现有企业资源规划（ERP）系统的集成测试，确保了智能仓储管理系统能够无缝接入公司现有的信息化体系。

（4）培训文档编写：为了方便用户快速上手，团队还编写了详尽的用户手册和操作指南，为用户提供了全面的使用支持。

### 4. 问题及解决

（1）在开发过程中，团队遇到了数据库性能瓶颈的问题。通过优化数据库查询语句、建立合理的索引以及调整数据库配置，成功提升了数据库的处理能力。

（2）在集成测试阶段，发现与 ERP 系统存在数据同步问题。与 ERP 系统开发团队紧密合作，共同制定了数据交换协议和同步机制，确保了数据的准确性和一致性。

### 5. 其他

李四在数据库优化方面表现突出，王五在用户界面设计中做出了重要贡献。

操作步骤如下。

1. 访问 DeepSeek 平台

打开浏览器，访问 DeepSeek 官网，完成用户注册，登录至个人账号。

点击"开始对话"，然后选中"深度思考（R1）"，可开启强大的深度思考功能，并且能显示其思考过程。

2. 输入指令

发给 DeepSeek 的指令要简洁，它能够理解指令背后的深层含义。如下指令供参考。

> 我需要向领导汇报上一个季度的项目工作完成情况，请根据我发给你的项目信息，编写二季度项目总结报告。要求结构清晰，工作亮点突出。

DeepSeek 提供的总结报告如下所示。

> ## 二季度智能仓储管理系统开发项目总结报告
>
> 一、项目概述
>
> 本项目旨在开发一套智能仓储管理系统，通过自动化、智能化技术实现仓库货物高效管理，提升空间利用率与操作准确性。二季度重点推进系统架构搭建、核心功能开发及系统集成测试，各项指标均超额完成既定目标。

## 二、核心指标完成情况

| 指标项 | 目标值 | 完成值 | 达成率 |
|---|---|---|---|
| 系统架构开发进度 | 75% | 80% | 107% |
| 代码开发量 | 45000行 | 50000行 | 111% |
| 漏洞修复率 | 90% | 95% | 106% |
| 功能测试覆盖率 | 85% | 90% | 106% |
| 性能测试覆盖率 | 80% | 85% | 106% |

## 三、重点工作成果与亮点

### 1. 核心功能模块全面落地

- 完成货物入库、出库、盘点等核心功能开发，系统原型通过内部验收。

- 实现与现有ERP系统无缝集成，数据同步准确率达99.9%，支持企业信息化体系升级。

### 2. 用户体验显著提升

- 界面设计经3轮用户反馈迭代，操作响应速度提升40%，获试点部门高度评价。

- 编写12类操作手册与培训文档，涵盖系统全流程操作，降低用户的学习成本。

### 3. 技术攻坚突破

- 数据库性能优化：通过索引重构与查询语句调优，将事务处理效率提升了65%。

- 高并发场景稳定性验证：系统支持每秒超过200个并发请求，性能指标超行业标准30%。

## 四、问题与解决方案

### 1. 数据库性能瓶颈

问题：初期测试中数据库响应延迟超预期。

解决：优化 SQL 语句、建立复合索引，事务处理时间从 3 秒缩短至 1 秒。

### 2.ERP 系统数据同步异常

问题：集成测试中出现数据字段错位。

解决：与 ERP 团队联合制定 JSON 数据交换协议，开发中间件实现双向校验。

## 五、团队突出贡献表彰

李四（后端开发工程师）：主导数据库优化方案，攻克性能瓶颈，保障系统高效运行。

王五（UI 设计师）：设计多套交互方案，最终界面获用户好评。

## 六、总结与下阶段计划

二季度项目超额完成开发目标，实现技术攻坚与用户体验双线突破，为三季度系统试运行与正式上线奠定坚实基础。下一阶段工作重点如下。

（1）完成剩余 20% 功能开发（路径规划算法、报表生成模块）。

（2）启动用户压力测试，确保系统支持 500 多个终端并发。

（3）制订分批次培训计划，推动全员系统迁移。

附件：测试报告、用户手册（已提交至共享目录）。

汇报人：×××

日期：2025 年 ×× 月 ×× 日

### 3.审核内容

对 DeepSeek 生成的总结报告内容，项目经理要认真审核，包括对其中的数据要替换成本项目的数据，对其中不符合项目实际情况的内容要删除等。

你是否认为 DeepSeek 生成的报告确实结构清晰，提取的工作亮点也让人感觉耳目一新？不妨在你的项目中尝试一下吧！

## 6 操作案例：升华客户价值，汇报更出色

下面通过一个具体场景，展示 AI 如何协助项目经理高效完成面向客户的项目进展报告，并显著提升汇报的整体成效。

项目经理打开文心一言，在指令框输入如下内容。

你是经验丰富的项目经理，准备明天向客户汇报项目进展。请根据我提供的项目信息生成项目进展报告。

要求：

1．根据项目完成的重点工作，升华其对于客户价值的认识，站在客户角度去描述价值，以打动客户，进而激发客户的兴趣和成就感，使其更好地配合项目工作、参与到项目中来，推动项目的顺利开展。

2．报告展示形式要新颖别致，内容要重点突出，语言风格要明快流畅并体现专业性。

项目信息如下。

智能仓储管理系统开发项目，目前完成了 60%，各项工作正常按计划开展，没有延迟。本周完成了库存管理模块的开发和测试。下阶段任务是系统集成测试和用户界面优化。当前存在的问题是数据库查询性能较低，需要优化。希望客户提供实际业务数据用于系统集成测试，并指定一位联系人，以方便后续沟通。

---

你是经验丰富的项目经理，准备明天向客户汇报项目进展。请根据我提供的项目信息生成项目进展报告。
要求：
1．根据项目完成的重点工作，升华其对于客户价值的认识，站在客户角度去描述价值，以打动客户，进而激发客户的兴趣和成就感，使其更好地配合项目工作、参与到项目中来，推动项目的顺利开展。
2．报告展示形式要新颖别致，内容要重点突出，语言风格要明快流畅并体现专业性。

项目信息如下。
智能仓储管理系统开发项目，目前完成了 60%，各项工作正常按计划开展，没有延迟。本周完成了库存管理模块的开发和测试。下阶段任务是系统集成测试和用户界面优化。当前存在的问题是数据库查询性能较低，需要优化。希望客户提供实际业务数据用于系统集成测试，并指定一位联系人，以方便后续沟通。

⊕ 联网搜索　　　　　　　　　　　

文心一言的反馈如下。

## 智能仓储管理系统开发项目进展报告

### ——携手打造您的智慧物流大脑

📊 **里程碑进度 | 您的供应链升级正当时**

60% 的完成度，比计划早 3 天

- 精准交付：连续 4 周零延迟，关键节点 100% 达成。

- 质量承诺：本阶段测试缺陷密度下降 45%，系统稳定性达 99.8% 。

- 价值解锁：库存管理核心模块已就绪，待您数据赋能即启动仿真验证。

🎯 **成果直击 | 让您的仓储会思考**

从功能交付到价值创造

🔑 **库存管理模块突破**

- 为您带来的改变：

☑ 动态储位分配算法，让拣货员平均每日少走 2.3km。

☑ 多仓协同逻辑，大促跨仓调拨效率提升 60%。

☑ 库存健康度预测，滞销品识别提前 45 天。

💻 **下阶段行动**

- 需要您参与的 2 个关键决策：

①注入真实业务数据：用历史订单驱动测试场景（模板已发送，需本周五前反馈）。

②指定业务领航员：与您的团队共建操作界面，确保符

合实际作业习惯。

### 🚀 技术攻坚 | 让数据跑得比业务快

数据库性能专项战役

- 痛点诊断：亿级数据查询响应延迟 1.2s（需优化至 < 300ms）。

  - 解决方案：

  🔧 列式存储引擎升级 + 向量化查询加速。

  🔧 构建三级联动索引（时间 + 品类 + 仓库）。

- 您的收益：报表生成速度提升 8 倍，决策响应再快一步。

### 🤝 协作升级 | 我们需要您的战略支援

您越深度参与，系统越懂您

- 紧急行动项：

  ▶ 今日确认测试数据联系人（建议由物流总监担任）。

  ▶ 加入测试反馈群，实时体验功能迭代（群二维码见附件）。

  - 您的专属支持通道：

  ✉ 客户经理：（姓名）（电话 / 邮箱）。

  💬 7 × 24h 响应机制已启动。

### 🌐 未来蓝图 | 与您共创的三个里程碑

（1）30 天后：系统上线护航 "双十一"，预计吞吐量提升 50%。

（2）60 天后：AI 需求预测上线，缺货率下降 35%。

（3）90 天后：仓储人力成本降低 18%，坪效提升 25%。

这不仅是系统升级，更是您的供应链竞争力的重塑

✉ 请今日确认数据与联系人，让我们将愿景变为现实！

报告设计亮点：

（1）价值量化：用具体数字呈现客户收益。

（2）行动闭环：明确客户待办事项＋时间节点＋对接人。

（3）情感共鸣：通过"您"的视角建立命运共同体。

（4）视觉引导：符号体系＋分段排版降低阅读压力。

项目经理对 AI 输出的内容进行了仔细分析，对可视化展示和语言风格表示满意。尽管文本形式无法直接展示图表和图形，但 AI 通过清晰、有条理的文字描述，使报告内容重点突出、易于理解。语言风格明快流畅，用词准确，体现了专业性。

互动任务：

假设你正在准备一次客户汇报，请尝试使用 AI 来辅助生成汇报内容。

在生成内容后，请思考如下问题。

（1）AI 在哪些方面对你的汇报内容产生了积极影响？

（2）你认为 AI 有哪些不足之处，需要人工进行补充和完善？

# 7 操作案例：将汇报内容一键生成 PPT

为了增强汇报效果，将汇报内容精心编制成 PPT 演示文稿是关键一步。用 PPT 进行汇报，直观、生动、容易打动人心。

然而，项目经理在制作 PPT 时经常会感到头疼，一个重要原因是很多项目经理不具备专业的 PPT 设计技能，制作的 PPT 视觉效果不好，要么颜色搭配不协调，要么字体选择不合适，要么排版混乱等。

幸运的是，Kimi 有一个 PPT 助手功能，可帮助我们轻松、高效地完成 PPT 制作。

接下来，我们以上一节中面向客户汇报的内容为例，介绍如何使用 Kimi，一键生成 PPT。

操作步骤如下。

## 1. 准备汇报材料

首先，整理好你的汇报要点、数据、图表及核心信息。确保内容精炼、逻辑清晰，这是制作高质量 PPT 的基础。

## 2. 访问 Kimi

打开浏览器，访问 Kimi 官网，完成用户注册流程，登录至个人账号。

在主界面左侧或功能菜单中，找到并点击"PPT 助手"选项，进入一键生成 PPT 的魔法世界。

### 3. 输入或上传内容

可以直接在文本框中输入汇报文本，或者选择上传已有的 Word 文档、PDF 格式文件等。Kimi 可智能识别并解析文件内容。

### 4. 选择模板，自定义风格与布局

待 Kimi 完成内容解析，页面底部的"一键生成 PPT"按钮将被激活，点击该按钮。

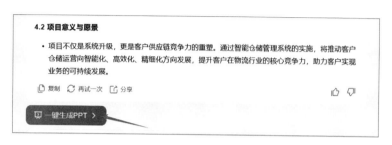

在生成 PPT 前，系统会提供多种模板。可以选择模板场景为"总结汇报"，设计风格为"商务"，主题颜色为蓝色等。

根据个人喜好或汇报场合，挑选最合适的模板，让 PPT 既专业又吸引人。

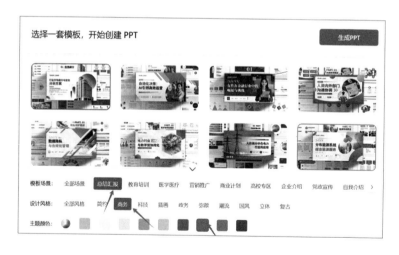

5.一键生成

完成上述步骤后，只需点击"生成 PPT"按钮，Kimi 就会迅速将你的内容转化为精美的 PPT。

6. 预览与调整

生成的 PPT 会自动展示在预览界面，点击预览页面底部的"去编辑"按钮，你可以逐页检查，对不满意的地方进行调整，如补充内容、调整字体大小、颜色、添加动画效果等。

7. 文件下载

最后，点击"下载"按钮，将完成的 PPT 保存到计算机中。

借助 Kimi 的 PPT 助手，即便是 PPT 制作新手也能轻松完成复杂的汇报，让每次展示都能收到惊艳效果。

快来体验智能科技带来的高效与便捷吧！

# 第 7 章
# AI 推动问题解决，
# 实现闭环管理

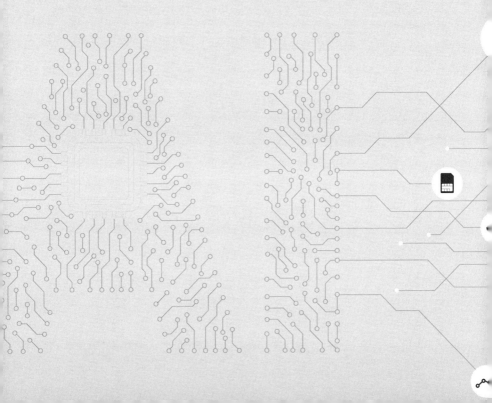

在错综复杂的项目管理环境中，各类问题层出不穷，阻碍着项目的顺利推进。每个问题的解决进展都能得到切实有效的跟踪，对于项目成功至关重要。

将项目的重大问题视为重点督办任务，实施系统化的跟踪管理，已成为不可或缺的管理举措。尤其是在那些由项目管理部门全面负责全公司项目统筹的企业中，通过定期召开项目例会，集中讨论并明确重大项目中的关键督办任务，已成为业界广泛采纳的管理实践。

然而，如何在快节奏、高压力的项目管理进程中，确保每个问题都能得到及时、精准的跟踪与解决，仍是一项重大挑战。

本章我们将深入探讨如何通过 AI 生成沟通邮件，以温和而坚定的语气达到高效跟踪目的；以及如何让 AI 提供定制化沟通策略，帮助双方建立更加牢固的信任关系，提升协作效率。

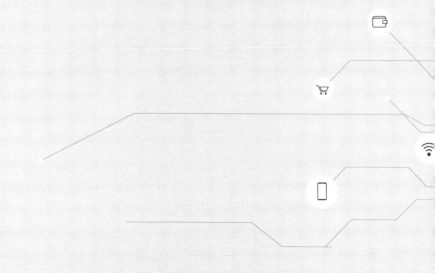

# 1 跟踪督办任务的两大难点及应对方案

跟踪督办任务的工作，不仅繁重，而且充满挑战。在这个过程中，有两个问题尤为棘手。

1.如何推动任务责任人及时、主动反馈督办任务的真实进展

在跟踪过程中，确保任务责任人按时、如实地汇报工作进度，是跟踪督办的关键。然而，任务责任人常常由于各种原因不及时反馈，这可能导致问题被掩盖或延误处理，进而累积成更大的隐患，最终影响项目的成功交付。

2.当任务责任人反馈的信息不准确、不完整，甚至蓄意歪曲时，跟踪人应如何进行有效沟通

面对信息失真或故意隐瞒的情况，跟踪人有时很为难，不知道应采取什么方式与责任人沟通，才能获得真实的项目进展信息。

上述两大难题无疑都对跟踪人带来了巨大挑战。它要求负责跟踪的人员既要有足够的耐心，又要具备出色的沟通技巧。

幸运的是，人工智能技术为我们提供了新的解决方案。

## 一、AI 生成沟通邮件

AI 能够根据督办任务的具体情况，自动生成结构化催办邮件模板；根据责任人身份、性格特点等调整措辞风格，智能匹配沟通话术等，使得邮件内容全面、措辞得当、语气既温和又具权威性。这样的邮件可有效提高责任人的重视程度，促使他们建立主动汇报意识，从而构建良性反馈机制。

## 二、AI 提供定制化沟通策略

跟踪人在收到责任人的初步反馈后，可以让 AI 协助进行智能分析，提供针对性强的后续沟通策略建议。AI 可智能识别反馈信息中的矛盾点与模糊表述，提供问题的解决方案建议。这有助于项目管理部门与任务责任人之间建立更加牢固的信任关系，显著提升双方的协作效率和配合度。

借助 AI，我们不仅能优化督办任务的管理流程，还能在潜移默化中增强团队间的沟通与协作能力，为项目的顺利推进提供有力保障。

# 2 操作案例：AI 生成智能邮件，精准激发反馈

假设你有四个督办任务，需要在周五向领导汇报进展。

为了确保每个督办任务的责任人都能够及时完成工作并反馈进展，你需要在周一早上发送邮件提醒他们。你希望 AI 协助你编写邮件内容。

将以下督办任务内容放在一个文件中。

| 序号 | 工作要求 | 责任部门 |
|---|---|---|
| 1 | 关于市场推广计划的制订，市场部需结合当前市场趋势，制定下季度推广策略，并评估预期效果 | 市场部 |
| 2 | 关于生产流程优化项目，生产部需协同技术部对现有流程进行梳理，提出优化方案 | 生产部 |
| 3 | 为提升客户服务质量，客服部需建立客户反馈机制，并每月进行数据分析 | 客服部 |
| 4 | 为提升产品质量，研发部需对现有产品进行全面检测，并制订改进计划 | 研发部 |

这次我们选择通义千问。操作步骤如下。

（1）打开浏览器，访问通义千问官网，完成用户注册流程，登录至个人账号。

（2）定位到文件上传区，将督办任务文件上传至该平台。

（3）在指令框输入指令，要求 AI 给四位责任人分别撰写一封邮件，提醒他们反馈任务进展。指令提示词参考如下。

---

你是项目管理部的资深项目经理，擅长跟踪督办事项，你要在周一早上发送邮件给责任人，目的是提醒他尽快完成督办事项的工作内容，并及时反馈进展，最晚于周四中午前反馈。请你写四封邮件。

---

你是项目管理部的资深项目经理，擅长跟踪督办事项，你要在周一早上发送邮件给责任人，目的是提醒他尽快完成督办事项的工作内容，并及时反馈进展，最晚于周四中午前反馈。请你写四封邮件。

以下是通义千问反馈的内容。

## 邮件 1：致市场部负责人

主题：关于市场推广计划的制订进展反馈

尊敬的 ×××（姓名），

您好！

我是项目管理部的 ×××（您的名字），负责组织公司所有项目的每周项目例会。根据公司安排，您负责的"关于市场推广计划的制订"督办事项需要在本周五下午向公司领导汇报完成情况。

为了确保我们能够及时、准确地汇总所有信息，请您务必在本周四中午 12:00 前反馈该项目的最新进展。具体内容包括但不限于：

- 当前的工作状态；

- 市场调研的完成情况；

- 推广计划初稿的制订情况；

- 内部评审的结果；

- 遇到的问题及解决方案；

- 下一步的工作计划。

如果您在推进过程中遇到任何困难或需要支持，请随时与我联系。我们将尽力协助您解决问题，确保项目顺利进行。

感谢您的配合和支持！

祝工作顺利！

## 邮件 2：致生产部负责人

主题：关于生产流程优化项目的进展反馈

尊敬的 ×××（姓名），

您好！

我是项目管理部的 ×××（您的名字），负责组织公司所有项目的每周项目例会。根据公司安排，您负责的"关于生产流程优化项目"督办事项需要在本周五下午向公司领导汇报完成情况。

为了确保我们能够及时、准确地汇总所有信息，请您务必在本周四中午 12:00 前反馈该项目的最新进展。具体内容包括但不限于：

- 当前的工作状态；
- 生产流程的梳理情况；
- 与技术部讨论优化方案的进展；
- 遇到的问题及解决方案；
- 下一步的工作计划。

如果您在推进过程中遇到任何困难或需要支持，请随时

与我联系。我们将尽力协助您解决问题，确保项目顺利进行。

感谢您的配合和支持！

祝工作顺利！

### 邮件 3：致客服部负责人

主题：关于客户服务质量提升项目的进展反馈

尊敬的 × × ×（姓名），

您好！

我是项目管理部的 × × ×（您的名字），负责组织公司所有项目的每周项目例会。根据公司安排，您负责的"关于客户服务质量提升项目"督办事项需要在本周五下午向公司领导汇报完成情况。

为了确保我们能够及时、准确地汇总所有信息，请您务必在本周四中午 12:00 前反馈该项目的最新进展。具体内容包括但不限于：

- 当前的工作状态；
- 客户反馈机制的设计情况；
- 数据分析平台的搭建情况；
- 数据收集的进展；
- 遇到的问题及解决方案；
- 下一步的工作计划。

如果您在推进过程中遇到任何困难或需要支持，请随时与我联系。我们将尽力协助您解决问题，确保项目顺利进行。

感谢您的配合和支持！

祝工作顺利！

## 邮件 4：致研发部负责人

主题：关于产品质量提升项目的进展反馈

尊敬的 × × ×（姓名），

您好！

我是项目管理部的 × × ×（您的名字），负责组织公司所有项目的每周项目例会。根据公司安排，您负责的"关于产品质量提升项目"督办事项需要在本周五下午向公司领导汇报完成情况。

为了确保我们能够及时、准确地汇总所有信息，请您务必在本周四中午 12:00 前反馈该项目的最新进展。具体内容包括但不限于：

- 当前的工作状态；
- 产品检测的完成情况；
- 问题汇总及改进方案的制订情况；
- 遇到的问题及解决方案；
- 下一步的工作计划。

如果您在推进过程中遇到任何困难或需要支持，请随时与我联系。我们将尽力协助您解决问题，确保项目顺利进行。

感谢您的配合和支持！

祝工作顺利！

我们若对 AI 邮件内容满意，直接复制发送，高效省时！如果不满意，可以指出问题，让 AI 进行迭代优化。

假如你知道市场部负责人性格干练，不喜欢看长邮件，你希望 AI 撰写一封简洁的邮件，可以这样指挥 AI。

市场部负责人性格干练，不喜欢看内容啰唆的长邮件。请你重新撰写一封给市场部负责人的邮件。

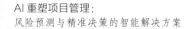

督办事项1.xlsx
11.11 KB

⤴ 市场部负责人性格干练，不喜欢看内容啰唆的长邮件。请你重新撰写一封给市场部负责人的邮件。

以下是通义千问反馈的内容。

邮件主题："督办提醒"市场推广计划制订（反馈截止时间：周四 12:00）

×××（市场部负责人姓名）

您好：

根据督办工作要求，请推进以下事项并按时反馈进展：

（1）工作内容：制订下季度市场推广计划（计划完成时间：××月××日），需含市场调研结论、策略方案及效果评估。

（2）当前进展：请确认初稿完成情况及内部评审安排。

（3）反馈要求：请最晚于周四 12:00 前邮件同步最新

进展。

> 若有需协调事项，请随时联系。
>
> 感谢您的高效处理。
>
> 祝工作顺利！

这封邮件无论结构还是内容都简洁明了，没有寒暄，直接切入主题，应该符合市场部负责人偏好简练沟通的特点。你认为呢？

## 3　操作案例：AI 定制策略助沟通

在跟踪督办任务的过程中，一旦责任人提交了初步的进展反馈，跟踪人就要迅速评估反馈信息，确认是否全面、准确地反映了督办事项的各项要求，确认问题是否真正得到了妥善解决。

有时，从责任人的反馈来看，似乎问题已解决，实际上反馈的内容模模糊糊，根本没有说清楚。跟踪人需要与任务责任人进一步沟通。

下面我们以一个具体的督办任务为例，说明借助 AI 定制沟通策略的操作过程。该督办任务的描述和初步反馈如下所示。

> **督办任务：**
>
> 为提升客户服务质量，客服部需建立客户反馈机制，并每月进行数据分析。
>
> **任务责任人反馈的进展：**
>
> 已建立客户反馈机制，在官网上线了反馈表单，设置了专门的邮箱接收客户反馈。已收集大量客户反馈数据。

操作步骤如下。

（1）访问通义千问官网，完成用户注册流程，登录至个人账号。

（2）在指令框输入指令，问 AI 反馈信息存在什么问题。指令提示词参考如下。

> 你是资深项目经理，擅长跟踪督办事项。针对"为提升客户服务质量，客服部需建立客户反馈机制，并每月进行数据分析。"督办事项，责任人反馈"已建立客户反馈机制，在官网上线了反馈表单，设置了专门的邮箱接收客户反馈。已收集大量客户反馈数据。"请你分析其反馈存在什么问题。

你是资深项目经理，擅长跟踪督办事项。针对"为提升客户服务质量，客服部需建立客户反馈机制，并每月进行数据分析。"督办事项，责任人反馈"已建立客户反馈机制，在官网上线了反馈表单，设置了专门的邮箱接收客户反馈。已收集大量客户反馈数据。"请你分析其反馈存在什么问题。

以下是通义千问的答复。

## 存在的问题

### 1. 缺乏具体细节

反馈表单的详细信息：责任人没有提供反馈表单的具体内容和设计，无法评估其是否能够有效收集客户的详细反馈。

邮箱管理：没有说明如何管理和处理通过邮箱收到的客户反馈，例如是否有专人负责、处理流程是什么。

### 2. 数据分析的缺失

数据分析的频率：虽然提到每月进行数据分析，但没有具体说明数据分析的具体时间点和频率。

数据分析的方法：没有说明使用了哪些工具或方法进行数据分析。

数据分析的结果：没有提供数据分析的具体结果，例如发现了哪些问题、提出了哪些改进建议。

### 3. 缺乏改进措施

改进计划：没有说明根据数据分析结果制定了哪些具体的改进措施，以及这些措施的实施情况。

效果评估:没有说明如何评估改进措施的效果,例如是否设立了评估标准和指标。

### 4.缺少沟通和反馈循环

客户反馈的闭环:没有说明如何将客户反馈的处理结果反馈给客户,形成一个完整的反馈循环。

内部沟通:没有说明如何将客户的反馈和分析结果与相关部门进行沟通,确保改进措施的落实。

(3)在指令框再次输入指令,获得 AI 的进一步支持。

如何与他做进一步沟通?

↥ 如何与他做进一步沟通?

以下是通义千问的答复。

为了与责任人进行进一步沟通,确保客户反馈机制和数据分析工作的全面性和有效性,可以按照以下步骤和内容进行沟通。以下是一封详细的沟通邮件模板。

### 邮件模板

主题:关于客户反馈机制和数据分析的进一步沟通

尊敬的 ×××(姓名),

您好!

感谢您及时反馈"为提升客户服务质量，客服部需建立客户反馈机制，并每月进行数据分析"督办事项的进展情况。您提到已建立了客户反馈机制，在官网上线了反馈表单，设置了专门的邮箱接收客户反馈，并已收集了大量客户反馈数据。这些工作进展非常值得肯定。

为了确保该项目能够更加全面和有效地推进，我有几个建议和需要进一步了解的问题，希望您能够提供更多的信息。

### 1. 反馈表单的详细信息

能否提供反馈表单的具体内容和设计？这将有助于我们评估表单是否能够有效收集客户的详细反馈。

### 2. 邮箱管理

请说明如何管理和处理通过邮箱收到的客户反馈，例如是否有专人负责、处理流程是什么？反馈信息的分类和归档是如何进行的？

### 3. 数据分析的详细信息

请说明数据分析的具体时间点和频率，例如每月的具体哪一天。

### 4. 改进措施的制定和实施

根据数据分析结果，制定了哪些具体改进措施？

### 5. 反馈循环的完整性

是否定期向客户提供反馈处理的结果？

如果有任何需要支持或协助的地方，请随时与我联系。

感谢您的理解和配合！

祝工作顺利！

沟通步骤：

（1）发送邮件：将上述邮件发送给责任人，确保邮件内容清晰、具体，语气友好且专业。

（2）等待回复：给责任人足够的时间来准备和回复邮件。通常情况下，可以设定一个合理的截止时间，例如在接下来的两天内回复。

（3）跟进沟通：如果在规定时间内没有收到回复，可以发送一封简短的提醒邮件，表示关心和期待他们的回复。

（4）安排会议：如果通过邮件沟通仍无法解决问题，可以提议安排一个简短的会议，面对面或通过视频会议进行讨论，确保双方能够充分交流和解决问题。

你觉得 AI 生成的回复邮件质量怎么样？它的语气是否既委婉又客气，同时还保持着专业性？内容是否覆盖全面，所提建议是否切实可行？我们不妨体验一下，看看 AI 能否有效地协助自己处理那些烦琐的督办任务跟踪工作，为自己减轻负担。

# 第 8 章
# AI 赋能宣传创新，
# 项目价值外显

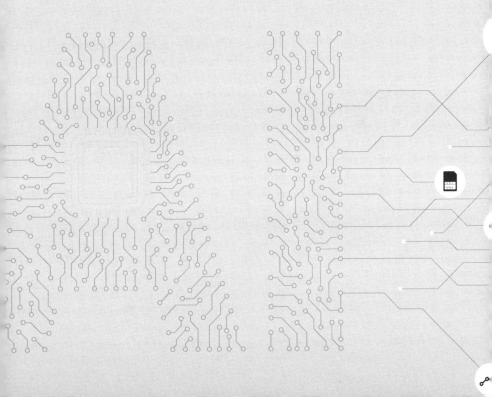

在注意力经济时代，酒香也怕巷子深。项目能否成功不仅取决于执行结果，更在于价值是否被看见。

当你为项目成果传播效果不好而焦虑时，别忘了强大的 AI。

本章将提供可落地的"AI+ 宣传"方案，通过分析项目宣传的媒体特性，设计 AI 指令话术，助你快速生成各种风格的文案，使官方媒体宣传够权威，社群分享接地气，朋友圈文案暖人心。

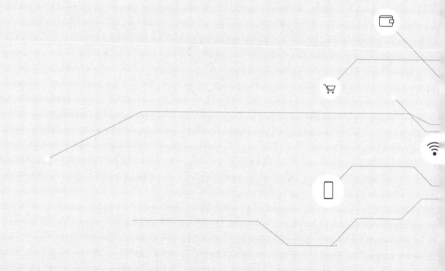

# 1 项目宣传：抓住机遇，还是错失良机

## 一、点亮价值，捕捉机遇：项目宣传的非凡意义

项目宣传不仅仅是对项目成果的总结，更是一座连接内外部利益相关者的桥梁。

有效的项目宣传能够提振团队士气，增强成员的归属感，激发每个成员的工作热情与创造力。

成功的项目宣传不仅能让项目光芒四射，还能吸引更多的资源和支持，赢得更多信任和合作的宝贵机会。

另外，通过分享项目中的最佳实践、技术解决方案等，项目宣传也是推动项目管理专业化发展的重要力量，可促进行业内交流与合作。

## 二、暗藏危机，错失良机：忽视宣传的沉重代价

在实际操作中，许多项目经理由于各种原因未能充分重视项目宣传的重要性。时间与精力分配不均、宣传意识淡薄、技能欠缺以及组织文化不健全等，使得项目成果的价值难以被外界所知。这不仅削弱了项目的影响力，也让组织错过了

潜在合作与发展的好机会。

忽视宣传，无异于将团队为项目付出的努力与取得的成就埋藏于尘埃之中，无法获得应有的关注和支持。

因此，项目经理应像重视项目本身一样重视宣传工作，将其视为项目管理不可或缺的一部分。

# 2 项目宣传高效传播渠道

当项目经理意识到项目宣传对于项目成功所起的关键作用时，他们便会开始积极探寻高效传播路径。

以下这些丰富多样的线上渠道，供项目经理选择参考。

1. 项目官方平台——树立权威形象，实现内外协同

内网：作为内部沟通的重要平台，内网能够迅速将项目的最新动态传递给团队成员及利益相关者，有效增强团队的凝聚力与向心力。

外网：作为对外展示的重要窗口，外网通过精心打造的页面布局和详尽的成果展示，能吸引外部合作伙伴、投资者及公众的广泛关注。

公众号：借助微信生态的强大传播力，公众号以图文、视频等多样化的形式生动呈现项目亮点，进一步扩大品牌的影响力与知名度。

2. 社群媒体——精准定位受众，促进互动合作

项目社群：通过建立专属的项目社群，与目标受众进行直接且深入的交流，分享项目成果的每个细节，同时认真倾听他们的真实反馈，从而形成良好的口碑传播效应。

行业社群：积极参与行业论坛，将项目成果分享至专业平台，不仅能够拓展项目在行业内的影响力，还为跨领域合作创造了更多的可能性与机遇。

3. 个人媒体——小分享大能量，绽放非凡魅力

微信朋友圈：鼓励团队成员积极发挥个人社交圈的作用，成为项目传播的使者，在朋友圈分享项目的点滴进展，展现独特价值，实现精准曝光，让项目的影响力得以大大提升。

# 3　AI 助力创作宣传文案的技巧

一旦选定了宣传渠道，接下来，精心打造宣传文案就是关键一步。

撰写文案时，AI 是不二之选。

我们需要深入理解各类宣传渠道的特点，向 AI 提供精准的关键词，才能让 AI 撰写出匹配效果最好的文案。

表 8-1 是对项目官方媒体、社群媒体、微信朋友圈文案

特点的详细分析。

表 8-1　三种类型宣传媒体的特点分析

| 文案类型 | 目标受众 | 传播目的 | 核心内容 | 风格特点 |
|---|---|---|---|---|
| 官方媒体文案 | 政府、企业、公众等多元群体 | 展现项目核心价值，塑造品牌形象，吸引资源 | 提供权威、准确的信息 | 权威性叙事，创意性表达 |
| 社群媒体文案 | 行业决策者、技术专家等成员 | 拓宽行业影响力，促进深度合作与交流 | 可复用的技术方案、方法论 | 方案呈现，适度的"信息缺口" |
| 微信朋友圈文案 | 朋友圈内的亲朋好友 | 展现项目风采，扩大个人影响力 | 内容多样，突出趣味性、实用性 | 故事化场景，实用工具包 |

　　要实现宣传效果的最大化，须确保文案与发布渠道的高度契合。公众号上的文案不宜措辞严谨，而在朋友圈发广告，应避免过于严肃庄重的表达。

　　在为 AI 设定指令时，我们应依据各平台特性提出具体要求，充分发挥 AI 的作用。

# 4 宣传文案的案例说明及操作指南

　　下面以一个智慧城市交通优化项目为例，介绍利用 AI 快速生成项目成果宣传文案的操作指南。

## 一、案例说明

智慧城市交通优化项目的背景及主要成果信息如下，放在一个文件中。

---

### 智慧城市交通优化项目信息

**项目背景：**

随着城市化进程的加快，交通拥堵问题日益严重，不仅影响了市民的出行效率，还加剧了环境污染。ABC 市政府决定启动智慧城市交通优化项目，通过引入大数据、人工智能等先进技术，全面提升城市交通管理与服务水平，打造高效、绿色、智能的城市交通体系。

**主要成果：**

1. 智能信号控制系统：部署了先进的智能信号控制系统，根据实时交通流量自动调整红绿灯时长，有效缓解了交通拥堵，提高了道路通行能力。

2. 公共交通优化：利用大数据分析，优化了公交线路和班次，减少了乘客等待时间，提高了公共交通的吸引力和使用率。

3. 智慧停车系统：建设了智慧停车平台，实现了停车位资源的实时共享和智能导航，大幅降低了找车位造成的交通

---

压力。

4. 交通大数据平台：构建了交通大数据中心，整合了各类交通数据，为交通规划、管理提供了科学依据，也为市民提供了便捷的交通信息服务。

## 二、操作指南

我们选择文心一言。

具体操作步骤如下。

### 1. 访问 AI 平台

访问文心一言官网，完成用户注册流程，登录至个人账号。

### 2. 上传项目信息

定位到文件上传区，将智慧城市交通优化项目的项目背景和项目成果文件上传至文心一言平台，为 AI 提供基础信息。

### 3. 精准输入指令

在文心一言的指令输入框中，明确指定目标媒体类型（如官方媒体、社群媒体、微信朋友圈），并详细阐述文案要求，如风格、重点、字数等。

### 4. 认真审核输出

AI 根据指令生成文案后，项目经理需仔细审阅，确保内容符合项目宣传定位，信息准确无误，风格契合目标媒体。

5. 优化文案内容

如果对 AI 初次生成的文案不满意，我们可进一步细化要求，指导 AI 进行文案优化。

接下来，我们将展示如何针对官方媒体、社群媒体及个人微信朋友圈生成满意的文案。

# 5 操作案例：官方媒体宣传文案

操作步骤如下。

1. 访问 AI 平台

访问文心一言官网，完成用户注册流程，登录至个人账号。

2. 上传项目信息

定位到文件上传区，将智慧城市交通优化项目的项目背景和项目成果文件上传至文心一言平台。

3. 输入指令

在文心一言的指令框输入指令，要求 AI 生成官方媒体文案。指令提示词参考如下。

> 你是资深项目经理，特别擅长撰写宣传文案。请你针对我发给你的项目成果信息，撰写一篇投放于官方媒体的宣传文案，要求内容和语言风格符合官宣要求，同时简洁、生动，有强烈的吸引力，以达到彰显项目价值的宣传效果。

---

W 智慧城市交通优化项目的… | 389 字

你是资深项目经理，特别擅长撰写宣传文案。请你针对我发给你的项目成果信息，撰写一篇投放于官方媒体的宣传文案，要求内容和语言风格符合官宣要求，同时简洁、生动，有强烈的吸引力，以达到彰显项目价值的宣传效果。

🗋 文件　🖼 图片　　　　　　　　　　　　✎ 润色　✈

---

### 4. 分析输出结果

以下是文心一言输出的结果。

---

## 智慧赋能　畅通未来

——智慧城市交通优化项目成果公告

ABC市智慧城市交通优化项目圆满收官，以科技创新为笔，擘画城市交通新图景！本项目依托大数据、人工智能等前沿技术，构建起高效、绿色、智能的立体化交通体系，为破解城市拥堵难题、提升市民出行品质交出亮眼答卷。

**核心成果亮点呈现**

☑ **智能信号控流系统**

实时捕捉路网流量，动态调整信号灯策略，主干道平均通行效率提升35%，早高峰拥堵指数下降28%。让等待成为

---

过去，让畅通成为常态。

### ☑ 公交效率革新

深度挖掘乘客出行规律，重塑线路网络布局。热门线路班次准点率提升至 98%，乘客平均候车时间压缩至 8min 以内，公共交通日均客流量增长 17%。

### ☑ 停车资源活化

搭建全城智慧停车平台，实时更新 2.3 万个车位动态。通过智能导航引导，驾驶员平均找车位时间减少 60%，商圈周边违停率下降 45%。

### ☑ 数据决策中枢

构建交通大数据中心，融合气象、路况等 12 类数据源。为市民推送个性化出行方案超 500 万次。

## 技术赋能价值

项目创新采用数字孪生技术构建虚拟交通沙盘。结合边缘计算节点部署，确保系统响应延迟低于 150ms，达到行业领先水平。

## 社会效益凸显

- 市民通勤时间平均每天缩短 12min。
- 碳排放量预计年度减少 1.2 万吨。
- 成功入选"国家智慧城市交通创新示范工程"。

对于 AI 输出的文案，项目经理要认真审查其内容，包括展现形式、数据等，剔除不恰当的部分。

5. 文案内容优化

如果对宣传文案不满意，我们可提出具体要求，让 AI 进一步优化。例如，发送指令。

能再简洁生动一些吗？

文心一言再次输出的结果如下。

## 智慧交通　让城市脉搏跃动新节奏

——智慧城市交通优化项目成果公告

ABC 市以科技为笔，绘就未来出行新蓝图！智慧城市交通优化项目全面落地，用数据激活路网，用智能重构出行体验。

### 三大革新成果 焕新城市交通

#### 信号智慧控流

主干道通行效率飙升 35%，早高峰拥堵指数直降 28%——让红绿灯学会"思考"，车流从此一路绿灯。

#### 公交效率革命

班次准点率达 98%，候车时间压缩至 8min 内，日均客流增长 17%——公交变身"城市穿云箭"，准点高效赢民心。

P 停车资源盘活

全城 2.3 万个车位实时共享，找车位时间节省 60%——"兜圈焦虑"成历史，停车导航一键直达。

## 数字底座支撑精准决策

融合 12 类数据源，打造交通"最强大脑"，推送个性化出行方案超 500 万次。用数据预见拥堵，让决策快人一步。

## 社会价值亮点

⏱ 市民日均通勤缩短 12min。

🌍 年减碳 1.2 万吨。

🏆 入选国家示范工程。

## 未来已来 出行无界

年内将开通自动驾驶接驳专线，开放车路协同数据接口。诚邀伙伴共建智慧交通生态，让每公里路程都充满智慧！

你对 AI 生成的这个文案还满意吗？

## 6 操作案例：社群媒体宣传文案

操作步骤如下。

### 1.访问 AI 平台

访问文心一言官网，完成用户注册流程，登录至个人账号。

### 2.上传项目信息

定位到文件上传区，将智慧城市交通优化项目的项目背景和项目成果文件上传至文心一言平台。

### 3.输入指令

在文心一言的指令框输入指令，要求 AI 生成社群媒体文案。指令提示词参考如下。

你是资深项目经理，特别擅长撰写宣传文案。请你针对我发给你的项目成果信息，撰写一篇投放于行业社群的宣传文案，要求内容和语言风格简洁、生动，有强烈的吸引力，以达到拓展行业影响力，促进跨领域合作的宣传效果。

智慧城市交通优化项目的... 392 字

你是资深项目经理，特别擅长撰写宣传文案。请你针对我发给你的项目成果信息，撰写一篇投放于行业社群的宣传文案，要求内容和语言风格简洁、生动，有强烈的吸引力，以达到拓展行业影响力，促进跨领域合作的宣传效果。

文件　　图片　　　　　　　　　　　　　润色

### 4.分析输出结果

以下是文心一言输出的结果。

# 智慧城市新纪元，交通优化项目引领未来出行变革！

## ✿ 重塑城市交通，我们做到了！ ✿

亲爱的行业伙伴们，你们是否也在探寻城市交通的未来之路？ABC 市的智慧城市交通优化项目已经为我们指明了方向！

## 🚀 智能信号控制

告别拥堵，我们的智能信号系统能实时调整红绿灯时长，让交通如行云流水般顺畅！

## 🚌 公共交通革新

大数据分析助力公交线路和班次优化，大幅缩短乘客等待时间，公共交通从此成为出行首选！

## 🚗 智慧停车新体验

找车位难？我们的智慧停车平台实现实时共享和智能导航，让停车从此变得轻松！

## 📊 交通大数据驱动

整合各类数据，科学规划与管理，为城市交通提供智慧大脑，让出行更加便捷高效！

## 📶 加入我们，共创未来

想要了解更多关于智慧城市交通优化的信息？想要与行业内的专家深入交流？快来扫码加入我们的社群吧！一起

分享见解，碰撞思想的火花，共同推动城市交通的智能化发展！

你认为 AI 生成的宣传文案是不是很适合投放到行业社群？是不是令人眼前一亮？ AI 连扫码加入社群这样的细节都考虑到了，真是既智能又贴心！

# 7 操作案例：微信朋友圈宣传文案

操作步骤如下。

1. 访问 AI 平台

访问文心一言官网，完成用户注册流程，登录至个人账号。

2. 上传项目信息

定位到文件上传区，将智慧城市交通优化项目的项目背景和项目成果文件上传至文心一言平台。

3. 输入指令

在文心一言的指令框输入指令，要求 AI 生成微信朋友圈文案。指令提示词参考如下。

你是资深项目经理，特别擅长撰写宣传文案。请基于我给你的项目信息撰写一篇微信朋友圈宣传文案。目的是展现项目风采，扩大个人影响力。用故事化场景增强该文案的吸引力。

智慧城市交通优化项目的...　392 字

你是资深项目经理，特别擅长撰写宣传文案。请基于我给你的项目信息撰写一篇微信朋友圈宣传文案。目的是展现项目风采，扩大个人影响力。用故事化场景增强该文案的吸引力。

文件　　图片 　　润色

### 4. 分析输出结果

以下是文心一言输出的结果。

### 我的城市会"思考" | 参与打造的智慧交通上线啦！

今早上班经过文明路，亲眼见证改变——

以前堵到让人心焦的十字路口，现在绿灯像会读心术！

刚靠近斑马线，信号灯就变绿了，车流顺畅得像开了 5G 加速器~

这背后是我们团队熬了 300 多个夜晚修炼的"魔法"：

◇ 给 800 个路口装上"AI 红绿灯大脑"，车多就延长绿灯时间，车少自动跳转。

◇ 公交调度员现在靠算法派车，热门线路准点率从

70% 飙升到 98%。

◇ 停车场空位实时"上云"，手机点两下就导航到
   空位!

最了不起的是交通数据大屏 📊：

全城 20 万辆车的轨迹在屏幕上流淌成金色星河，哪里
拥堵、哪里需要调度一目了然。上个月刚帮规划局优化了 3
条"僵尸线路"，市民满意度直接涨 20%!

同事说这是"交通元宇宙"的雏形，但在我看来——
这就是用代码写就的"城市情书" 📧
让每个通勤的清晨少一点焦躁
让每个加班的夜晚早 20 分钟到家
如果你也在堵车时幻想过"要是红绿灯能听懂我的
心声"，
现在，这份幻想正在照进现实 ✈️

#智慧交通产品经理的日常 #改变从一盏信号灯开始 #
我的城市会呼吸

学会与 AI 沟通，是不是感觉很便利? 它创作的文案是不
是既有吸引力，又充满亲和力?